シリーズ国語授業づくり

中学校

説明文・論説文

論理的な思考力を育てる

監修　日本国語教育学会

編著　笠井正信・田中宏幸・中村純子

東洋館出版社

まえがき　これからの国語教師に求められるもの

話す力は話す活動を通して身に付きます。書く力も書く活動を通して身に付きます。コミュニケーション力はコミュニケーションの行われる場において、学習者が自ら考えを表明し他者の考えも聞きその往復活動で自らの中に考えを創り出していく、つまり話し合う活動によって身に付くものです。そういう言語活動を行う場に立たせて充実した言語経験を行う授業を目指して、本学会は研究を進めてきました。

それは、新しい学習指導要領のもとでも変わりません。新学習指導要領は、現行学習指導要領を引き継ぎ、よく整理されて、分かりやすく二一世紀型の教育の在り方が示されています。学習者が、なんのために学ぶのかという学習の意義を共有し、自らが問題意識をもち、あるいは時代や社会に求められる課題に対応して、主体的に考え、解決していこうと情報の収集・再生産の活動、他者の考えを聞こうと交流活動を行いながら、自らの考えを構築して発信していく。そういう「主体的・対話的な深い学び」を体験させる授業の構築・実践が求められます。

国語教師は、基本的・専門的な力として国語力と言語行動力（言語・言語文化に関する造詣の深さと聞く話す読む書くの言語技術）を身に付けていなければなりませんが、教師として人を育てる仕事に携わるとなれば、授業力が必要です。授業力とは、授業を構想・設計（組織化）する力と実践（授業運用の技術と教室経営）の力をいいます。

本シリーズは、「文学」「古典」「説明文・論説文」「国語授業づくりの基礎・基本」の四部作から成ります。「読む」という視点から文学、古典、説明文の三ジャンルを取り上げ、

・基本的な学習内容とその指導法
・教材に対する考え方と学習材化の方法
・学習指導　特に言語活動との組み合わせの工夫
を中心に、Q＆Aの形で、授業づくりのポイントと実際例を示しました。

授業づくりは、言語活動の視点から「聞くことの授業づくり」「話すことの授業づくり」「読むことの授業づくり」「書くことの授業づくり」で取り上げることもでき、また「思考力を鍛える授業づくり」「表現力をのばす授業づくり」というアプローチもあります。本シリーズは、ビギナーズのために、入りやすさ、取り組みやすさから三つにしぼりました。つくりやすいところから始めて、参考にしながら、広く、深く、学習者の言語生活から考えて、言葉を意識し言葉の力を考え、学ぶ喜びを身に付けた学習者を育てる授業に発展させてください。

本シリーズは日本国語教育学会の企画情報部の事業として、中学校部会と合同で、ビギナーズのために編んだものです。が、長く教育に携わっている人、つまずき悩みをもっている人、これでいいのかさらに前に進みたいと願っている人にも、新たな授業づくりに取り組んでほしいと願い、その参考にしていただきたいと思っています。またそれぞれの地区、校内での指導的立場におられる方もこれによって教育実践のレベルを上げられんことを願っています。

平成三〇年七月

田近洵一（日本国語教育学会会長）
桑原　隆（日本国語教育学会理事長）
大越和孝（企画情報部長）
安居總子（中学校部会長）

もくじ

2 指導法、授業方法に関するＱ＆Ａ

3 学習指導要領に関するＱ＆Ａ

Ⅲ章

単元展開例

Ⅰ章

説明文・論説文の授業づくりのポイント

1 論理的な思考に支えられる豊かな言語生活を送るために

1 学習者にとって説明文・論説文の学習目的とは

説明文や論説文など、いわゆる説明的文章を学習する目的は、今日の高度情報化社会、「知識基盤社会」を、次のように言語生活者として生きることにあるのではないでしょうか。

① 大量に溢れ出る情報に押し流されないで、適切に判断し行動する自立した言語生活を送る。

② 多様な立場や意図によって発信される情報の背景を捉え、多様な価値観や考え方を受け止めながら、互いに理解し共に生きることを実現する言語生活を送る。

このような言語生活を送るには、論理的な思考力をもつことが必要不可欠になります。情報の氾濫は本当に必要なものを見失わせてしまう危険があります。真実を伝えない情報が、人々を混乱させてしまうこともあります。このような情報に踊らされないためにも、論理的な思考力が重要です。また、異なるものの見方や考え方も、なぜそのような考え方をするのか、その背景を考えることが必要です。これは、他者を理解し、どのように折り合いをつけるかを考えることにつながります。つまり、説明文や論説文を読むことを通して、内容理解に留まらないで、筆者の論理を検討したり、ものの見方や考え方を捉えたりすることができ、その上で自分の考えをもち、それを広げたり深めたりすることで、自立し共生を実現する言語生活者を目指すことができるのです。

2 学習目標としての論理的思考力の育成

高度情報化社会、「知識基盤社会」を豊かな言語生活者として生きるために、説明文や論説文を読むことを通して、論理的な思考力を育むことが学習目標になります。

ここでいう論理的な思考力とは、筋道を立てて結論を導いたり、複雑な事柄を関係付けて分かりやすく整理したりすることができる思考の力ということになります。直感や印象とは、区別することになります。学習指導要領（平成二九年版）の指導事項からも、次のような論理的思考（力）に関わる知識や技能、「読むこと」（言語活動としての経験）が取り出せます。

① 情報の扱い方の知識及び技能として

- 情報と情報の関係を捉える「共通、相違、事柄の順序」、「考えとそれを支える理由や事例」、「原因と結果、意見と根拠」、「具体と抽象」などの知識。
- 情報の整理の仕方の「比較や分類の仕方、必要な語句の書き留め方、引用の仕方や出典の示し方、辞書や事典の使い方」、「情報と情報の関係付けの仕方、図などによる語句と語句との関係の表し方」、「情報の信頼性の確かめ方」などの技能。

② 情報の構造と内容の把握の読みとして

- 文章の中心的な部分と付加的な部分、事実と意見の関係を捉え、要旨を把握して読むこと。

・文章全体と部分の関係を捉えたり、主張と例示の関係を捉えたりして読むこと。
・文章の種類を踏まえて論理の展開を捉えて読むこと。

③　情報を精査し解釈する段階の読みとして

・目的に応じて必要な情報に着目して要約して読むこと。
・目的に応じて複数の情報を整理しながら適切な情報を得るように読むこと。
・文章と図表などを結び付け、内容を解釈して読むこと。
・文章を批判的に読みながら、文章に表れているものの見方や考え方を考えて読むこと。
・文章の構成や表現の効果について考えたり、評価したりして読むこと。

④　考えの形成の段階の読みとして

・読んで理解したことと、自分の既有の知識や経験とを結び付けて自分の考えを広げ深めること。

説明文や論説文などを読むことを通して、このような論理的な思考の知識及び技能を獲得し、論理的な読みの経験を積み重ねることによって、論理的思考力を伸ばすことができるわけです。

3　学びに向かう力を育むために―読むことを「追究・探求」と考えると―

説明文や論説文の学習を通して「学びに向かう力、人間性等」を引き出すにはどうしたらよいでしょうか。次のような「学びに向かう力、人間性等」が考えられます。

①　学習内容となる話題・題材への興味・関心による「学びに向かう力、人間性等」
②　追究・探求を楽しむことによる「学びに向かう力、人間性等」

③　自分の考えの広がりや深まりを実感することによる「学びに向かう力、人間性等」

例えば、「生物が記録する科学～バイオロギングの可能性～」（光村・二年）という説明文があります。この題名に着目してみましょう。「生物が記録する科学」から、「どんな科学なのか？」という問いかけが生まれます。そこから、バイオロギングという調査方法によるペンギンの知られざる生態という情報内容を読みます。そうすることで、この文章の話題や題材への興味・関心につながります。また、「可能性」という表現に着目して、生物科学の進歩は自分たちに「どんな可能性をもたらしてくれるのか？」という問いかけが生まれます。筆者のものの見方・考え方を考える読みにつながります。さらに「筆者はどんな意図やねらいをもっているのだろうか？」となれば、生物学の進歩について述べ、その背後の意図やねらいを考えることになります。このように「問いかけ」をつくり、読み深めて「答え」に至るという「追究・探求」の過程によって、読むことは単なる作業ではなくなります。文章を読んで自分の考えが広がったり深まったりすることで、「学びに向かう力、人間性等」をさらに育むことができます。

4　授業の実際と教師の役割

今日、「主体的・対話的で深い学び」を目指した授業改善が求められています。一方、「主体的・対話的で深い学び」を授業の姿として求めるあまり、活動だけの授業になりがちという批判もあります。では、どのような授業づくりをしたらよいのでしょうか。まず、全文を通読して段落分け、段落ごとの要約、再度通読して要旨をまとめ、意見を書くという、形骸化した説明文や論説文の授業を見直すことから始めましょう。どんな教材を扱ってもおきまりの指導過程になりがちです。

説明文と論説文、報道文や報告書など、説明的文章としてひとくくりにしてきた教材文がそれぞれどんな論理的思考力を育むかに着目して、教材研究を行うと、学習活動が変わってきます。

主体的な学びを目指して、学習課題を発見する力も大切です。これも段階的に事実と意見の関係に問いかけをすることなどから始めて、段階的に育てていく必要があります。筆者の考えや主張に対して自分の考えをもつことに関しても、単なる感想を根拠にした考えから、自分の身近な情報や経験を根拠に自分の考えをもつことができるようにすることで深い学びにつながります。しかも、教室という場では、学級集団を一斉に学習活動に導くことになりますから、個別の指導にも教師の工夫が必要です。段階的に「主体的・対話的で深い学び」の実現を目指す年間計画づくりの工夫も求められます。

2 教材研究のポイント
―「モアイは語る―地球の未来」（安田喜憲）を例に（教材論）

1 説明文・論説文を読む意義

「説明文・論説文」は、何のために読むのでしょうか。「新しい情報や知識を得るため」、「問題解決の方法を知るため」などがすぐに思い浮かびます。しかし、それでは、理科や社会科などで資料を読む学習活動と本質的な差はないことになってしまいます。

国語科の特質は、「対象と言葉、言葉と言葉の関係を、言葉の意味、働き、使い方等に着目して捉え、その関係性を問い直して意味付けること」（中教審答申、二〇一六）にあります。とすれば、国語科で重視すべきは、「教材内容の理解」にとどまらず、「論理的な思考力を育成し、批判的な読み方を身に付ける」ことにあると捉えるべきでしょう。説明文・論説文の筆者が、科学的な事実や知識の発見をしたり、批判的な認識や思考を展開したりする過程を、「一人の読者」として再度批判的に検討しながら読み進め、文章理解の仕方や文章表現の仕方を学びとっていくことが大切なのです。

2 教材研究のポイント

では、教材研究を進める際には、どのような点に注意すればよいのでしょうか。安田喜憲「モアイは語る―地球の未来」（光村・二年）を例として、次の四点について考えていきましょう。

1．どのような情報内容を含んでいるか。→正確な情報の読み取りのために
2．どのような論理で構成されているか。→批判的、論理的な読み取りのために
3．どのようなものの見方や考え方が根底にあるか。→意図やねらいの読み取りのために
4．どのような読み手（学習者）の感想や意見が予想されるか。→自分の考えの形成のために

1．どのような情報内容を含んでいるか

説明文は、「問い」と「答え」の関係で成り立っています。筆者が立てた「問い」の部分（問題提起）を探し、どのようなことについて書かれた文章であるかをつかむことが肝心です。そして、その問いに対する「答え」が、どこに、どのように示されていくかを押さえていく必要があります。

例えば、「モアイは語る」の場合、序論に当たる二つの形式段落にこの論説の概要が示されています。「巨像を誰が作ったのか」、「どうやって運んだのか」、「何があったのか」、「この文明はどうなってしまったのか」という四つの問いが明示され、「この絶海の孤島で起きた出来事は、私たちの住む地球の未来を考える上でとても大きな問題を投げかけている」と主張の内容が予告されているのです。この序論の内容を押さえたうえで、以下の本論部では、「問い」と「答え」の対応に注意しながら、どのような「答え」が出されているかを確かめていきましょう。

ただし、論説文によっては、「問い」が明示されていない場合もあります。表現形式にとらわれすぎず、「話題」がどのように展開しているか、情報内容に即して考えるようにしましょう。

2．どのような論理で構成されているか

本論部では、どのような仮説を立て、どのようなデータに基づいて、どのように関係付けているかを確かめることが大切です。下の「三角ロジック図」の「主張」の部分は、序論に示した「問い」に対する「答え」に相当します。その「答え」の「根拠」として、筆者はどのような「事実」（データ）を挙げているでしょうか？　また、その「事実」と「答え」との因果関係をどのように説明しているでしょうか？

なお、この論説では、イースター島の運命を地球のアナロジーとして捉え、推論に基づいて地球の未来について警告していることを見落としてはなりません。イースター島の運命と地球の未来との対応関係に注意しておきましょう。

3．どのようなものの見方や考え方が根底にあるか

筆者は、どういう立場の人なのでしょうか。同じ問題を取

論理の構造―三角ロジック（トゥールミンモデルの簡略形）

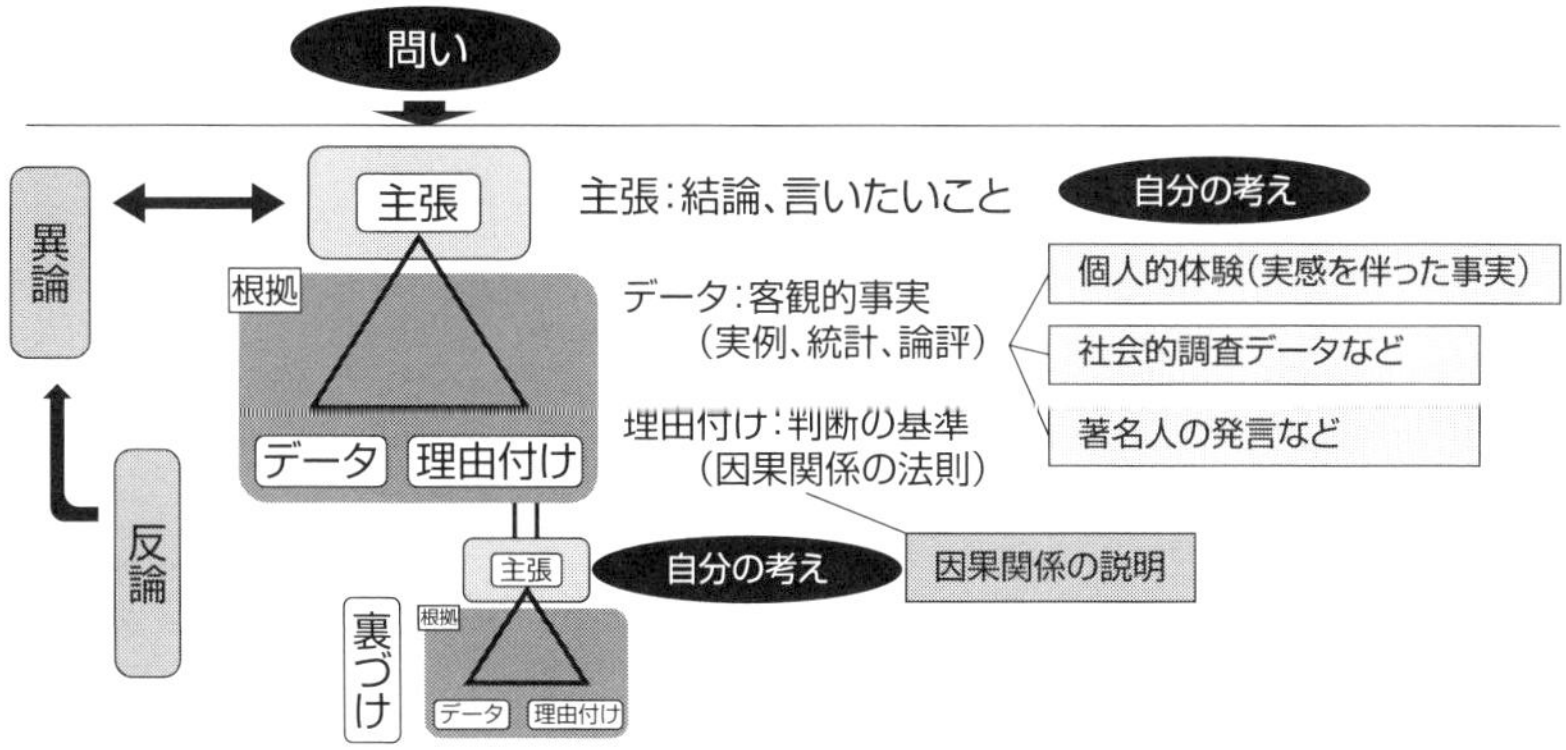

り上げても、立場が異なると、それぞれの内容や述べ方に大きな違いが出てきます。

イースター島の歴史から地球や人類の今後を類推する発想は、小学校六年生の教材・鷲谷いづみ「イースター島にはなぜ森林がないのか」（東京書籍・平成27年度版）にも、中学校一年生の教材・手塚治虫「この小さな地球の上で」（三省堂・平成28年度版）にも、高校教材・鷲谷いづみ「イースター島になぜ森がないのか」（第一学習社『標準国語総合』『新編国語総合』平成29年度版）にも見られます。しかし、これらの教材を読み比べてみると、イースター島の森林破壊の原因分析も、最後の主張も異なっていることが分かります。例えば、安田はヤシの木を人間が伐採したのが原因だといい、鷲谷は、ポリネシア人たちが船に乗せていたラットが原因だというのです。また述べ方においても、安田は「私たちの花粉分析」の結果を根拠に挙げており、環境考古学者としての当事者の意見だというニュアンスが色濃く出ています。一方、鷲谷は、生態学者としての立場から、外来動物による生態系の破壊を問題にしています。このように、立場によって内容や述べ方が異なることに注目する必要があります。

4．どのような読み手（学習者）の感想や意見が予想されるか

この論説を読んで、多くの生徒たちが環境問題の厳しさを実感し、「何らかの対策をとらなければならない」とか、「環境問題についてもっと調べてみたい」と答えることでしょう。こうした意欲を尊重しながらも、筆者の主張を鵜呑みにせずに、多様な立場から意見を出し合ったり、論点を明確にして話し合ったりして、みんなが取り組めることを解明していくことが大切なのではないでしょうか。

例えば、「イースター島と地球を類比して論じていく筆者の論証は正しいか」、「筆者が『ラット』

について記述していないのはなぜか」、「『有限の資源をできるだけ効率よく、長期にわたって利用する方策』とはどのようなものか」、「その方策で、人類は生き延びることができるのだろうか」などについて話し合い、批評文を書く学習に発展させていきたいものです。

3 授業の進め方の問題点と課題

1 説明文読解の基礎的技能を育むこれまでの授業

説明文の定番の授業といえば、次のような指導展開を思い浮かべる人も多いでしょう。①題名から内容を予想する、②教材を通読する、③段落に番号を書き込む、④問題提起を確認する、⑤接続語、指示語を確認する、⑥段落の要点をまとめる、⑦結論を確認し、段落構成図をまとめる、⑧要約文を書く。これは説明文の形式理解に重点を置いた授業です。説明文の構造を理解することは、読み解くための基礎的な技能として必要です。

また、説明文の内容に関連付けて図書館で調べ学習をする授業もあります。説明文の内容理解に重点を置いた授業です。内容に関連する本も紹介し、読書力の育成につなげていきます。読書をきっかけに、生徒は知見を広めることができるでしょう。

こうした説明文の授業は、小学校の段階から少しずつ積み上げられてきています。もちろん、中学校の授業でも、基礎的な技能の指導は必要です。しかし、それだけでは自我や社会への意識が芽生えてきた中学生には物足りないと感じるかもしれません。これからの授業は学習者の日常をとりまく状況を踏まえ、社会生活につながる授業を展開するべきでしょう。

2 情報を得たり、考えたりするための、デジタル情報化社会に対応した読み方を学ぶ

二十一世紀のデジタルネイティブ世代と言われる中学生を取り巻く高度情報化社会は変化が激しく、大量の情報が渦巻いています。あまりにも大量のため、情報の消費者である生徒達は検索アプリやまとめサイトなどを利用し、断片的な情報だけで分かったつもりになる傾向にあります。ともすれば、その情報が偏っていたり、自分のものの見方が公平でなかったりすることに気付かず、簡単に答えを求めてしまい、短絡的な思考回路が形成されてしまいがちです。

今、国語教育で育んでおきたいのは、大量の情報の中から自分に必要な適切な情報を手早く的確に得る力です。そのためには、複数の情報を読み比べ、素早く要点をつかみ、多角的に吟味分析する技能を育むべきです。そして、入手した情報から自分の考えを再構築し、表現する技能も必要です。論理的思考を働かせ、「読み」、「書き」、「話す」活動を複合的に取り入れた授業をデザインしていきましょう。これからの説明文指導では、教科書で習得した読みの技能が、実生活のテキストで活用できたという実感をもたせられる授業が求められているのです。

3 提案1　客観的な視点から説明文の信頼性を確かめながら読む

これまでの授業では教科書に対する信頼性から、説明文教材そのものに対して疑問をもつことなく読み進めてきていました。そこで、説明文を理解するために読むという従来の目標から、大きく転換

させ、説明文の信頼性を確かめながら読むという目標を設定してみましょう。

従来の授業のように「問題提起の段落はどれですか」ではなく、「なぜ、筆者はこのような問題を提起するのでしょうか」と問うのです。筆者と対話しながら、問題の前提を問い直していきます。すると、「その問題には、どんな社会的、文化的な背景があるのか」という問いに発展します。実際の社会生活につながっていく問いです。さらに、「筆者の根拠の挙げ方や論の展開の仕方は読者に効果的でしたか」と問うてみましょう。根拠の明確さや論の展開の筋道の妥当性を検証するのです。そこで、「原因と結果」、「事実と意見」、「意見と根拠」、「具体と抽象」といった、情報と情報の関係を注意深く分析しながら読ませていきます。そして、データの客観性や信頼性を評価していくのです。

このような分析に適している教材は、科学的な内容よりも、社会学的な内容の方がよいでしょう。東洋西洋の文化比較や環境問題、美術評論などは筆者の主観が強く反映しているからです。説明文の信頼性を確かめるために、複数の資料を用意し、比べ読みや調べ学習につなげていくのです。調べ学習に発展させていくと、新しい発見と出会うでしょう。例えば、「玄関扉」（三省堂・一年）に対して「外開きの玄関扉は防災上問題がある」とか、「モアイは語る―地球の未来」（光村・二年）に対して「モアイ像の運搬にヤシの木のころを使わない方法がある」といった情報と出合うはずです。生徒は多様なものの見方があることに気付き、主体的に説明文を読み返し、考察を深めていくでしょう。

4　提案2　立論を書き、議論を通して説得力のある論じ方を学ぶ

論の展開の筋道や明確な根拠の示し方など授業で学んだ知識を、生徒が実際に活用する授業が必要

です。その一つにディベートが挙げられます。[注1]

ディベートとは、ある論題のプランの是非について、肯定・否定のグループに分かれ、第三者の立場であるジャッジを説得する議論のゲームです。ジャッジを納得させるためには、きちんと理由・筋道をつけた立論を用意することが求められます。現状の分析から、論題のプラン導入後の過程を立証し、その重要性・深刻性を述べるのです。[注2]論証の客観性を証明するために、データの引用が必要となります。たくさんの資料を読み、情報を比較・分類し、整理する方法を学びます。そして、試合では互いの立論に反駁を行います。相手の論証の弱い部分を指摘したり、データの有効性を吟味したりして、互いの論の重要性や深刻性の価値を比較検討していきます。

ディベートでは、論理的に自分の考えを伝える技能とともに、相手の立場を理解して説得する技能が習得できます。実社会に出て、多様な立場や価値観をもつ人たちと協働し、合意を形成するとき役立つ技能です。さらに、情報の真偽性や確実性を吟味してクリティカルに読む技能も身に付きます。

このように生徒自身が主体となって論理的思考力を活用できたという実感が、これからの説明文の授業に求められていると言えるでしょう。

注1　ディベートは二つの立場に分かれるゲームなので、より多様な立場から考えさせるにはパネルディスカッションやワールドカフェなどの方法もある。

注2　全国教室ディベート連盟ホームページ参照　http://nade.jp/

4 説明文・論説文の授業での評価

1 学習の全過程で評価する

評価に対する考え方の転換が求められています。

【従来からの評価観】
全体で一斉に、到達度・達成度を測る評価

【これからの評価観】
学習の過程で個々の〈学び〉がどのように生まれているか判断する評価

従来からの評価観は、評定のための評価という色合いが強かったようです。学習の最終段階で、目標とした知識や技能、思考力や表現力がどの程度達成できたかを測り、「成績」とするための評価です。しかし、今日求められるのは、最終段階だけでなく、学習活動の各段階で、学習者の学びの様子を把握して、より深い学びへ導いたり、基礎・基本を固めたりする指導や支援のための評価です。

そこで、学習過程で、〈学び〉の姿が見えるような工夫が必要になります。学習者の頭の中を言語化させるために、小集団での話し合い、パフォーマンス評価、作品制作、発表活動などを通して評価することなどの工夫が必要になります。

2 評価の観点

従来から観点別評価という方法で、学習の状況を把握することが求められてきました。国語科における評価の観点は「国語への関心・意欲・態度」、「話す・聞く力」、「書く力」、「読む力」、「言語についての知識・理解・技能」の五観点でした。新学習指導要領でもまた順番はともかく、「知識及び技能」、「思考力・判断力・表現力等（話す・聞く力、書く力、読む力）」、「学びに向かう力・人間性等（国語への関心・意欲・態度）」となり、国語力を多面的に捉えようとしています。

説明文や論説文の授業における目標は、内容の〔思考力・判断力・表現力等〕の「C読むこと」の指導事項に対応することになります。そして、教材文の読み方に関する「知識及び技能」の観点から、論理的な思考力の育成につながる批判的な「思考」の体験の観点、そうして教材文の内容に対する問いかけ、追究し解決していく経験の観点から評価します。

3 評価の方法

評価をいつ、なにをどのようにするのか、という観点で整理してみました。

① いつ評価をするか、という点からみると

ア　診断的評価、事前の評価　あらかじめ学習者の実態を捉えておくための評価です。学習の過程

でどのような指導や支援が必要になるか、想定するためと言えます。

イ　形成的評価、事中の評価　学習活動の進行過程を判断するための評価です。学習活動の過程でどのような課題に対してどのような追究をしているか。教師の指導や支援に結び付きます。

ウ　到達度、総括的評価、事後の評価　学習が一通り終わり、振り返りのための評価です。期末考査などもこの評価の一つになります。

② 評価の対象に応じた方法

ア　テスト（客観テスト、記述式テストなどによって、できるだけ客観的に評価すること）

イ　パフォーマンス評価（ある文脈の中で学習者の学びの姿を評価すること。発言やノートへの書き込み、行動、レポートなどを観察することで成果を評価して捉えることになります）

ウ　ポートフォリオ評価（学びの姿の蓄積によって「成長」を読み取り評価すること）

③ どのように評価するか、という観点からみると

ア　学習活動のどの段階の学習課題に対して、どのような追究の仕方をしているか。（次頁参照）

イ　一人一人の追究を成し遂げるために必要な知識・技能や読み方は何か判断しているか。

これは、個々の生徒への指導にするか、個別にするか、「学び合い」を作り出すか判断して、指導や支援を行います。

4　一時間の授業での評価の例

「生物が記録する科学」（光村・二年）という説明文を例に、実際の評価を考えてみましょう。教材は「バ

イオロギング」という調査方法によって明らかになるペンギンの生態を通して、科学の可能性について述べています。ペンギンを調査すると、今まで分からなかった「生き残りをかけ、さまざまな工夫をこらした」生態が明らかになっていきます。二つ目の調査では、アデリーペンギンの餌取り潜水の特徴を根拠に、その工夫の目的を解釈していきます。調査結果の図表のデータと筆者の解釈を結び付けて捉え、「生き残りをかけた工夫」について理解することを本時の学習課題とします。結果、筆者の解釈を図表のデータと結び付けて考えられるか否かを評価します。うまくできなかった学習者には【基礎固め】の課題で、できた学習者には【深い学びへの誘い】として、他の資料を調べるなどの指導や支援をすることになります。

本時の学習課題

「バイオロギング」を用いたアデリーペンギンの餌取り潜水の調査結果は何を明らかにしたか。

読むことの学習過程

内容・構成を捉える段階

餌取り潜水から特徴を捉える。
○一斉に飛び込み飛び上がってくる
→捕食者から身を守る行動
○水中では異なる深さで餌取りする
→餌取りの効率をよくする行動

↓

精査・解釈の段階

○筆者の言う「生き残りをかけたさまざまな工夫をこらした」行動の意味を考え、筆者のいう「生き残りをかけた工夫」を捉える。

↓

考えの形成の段階

○生物それぞれがどのような「生き残りをかけた工夫」をしているかを考えたり調べたりしてみる。

評価

【基礎固め】
○アデリーペンギンの餌取り潜水の特徴は何か？
○それは何のための行動と考えているか？
について、本文の記述から正確に読み取る。

【評価の基準】
アデリーペンギンの調査結果は、どんな生態が分かる根拠になったか、グラフのデータと結び付けて筆者の解釈を検討する。

【深い学びへの誘い】
生物が「生き残りをかけた工夫」をしている事例を他に求めて、バイオロギングの可能性を理解する。

Ⅱ章

説明文・論説文の授業づくりの基礎・基本

Q

1　説明的文章の種類

説明的文章にはどんな文章のジャンルがありますか？

A　物語・小説や詩歌、古典などを除いた説明文などを総称して「説明的文章」と呼んでいます。記録や報告、説明や評論、論説や報道などのいろいろな文章が含まれます。

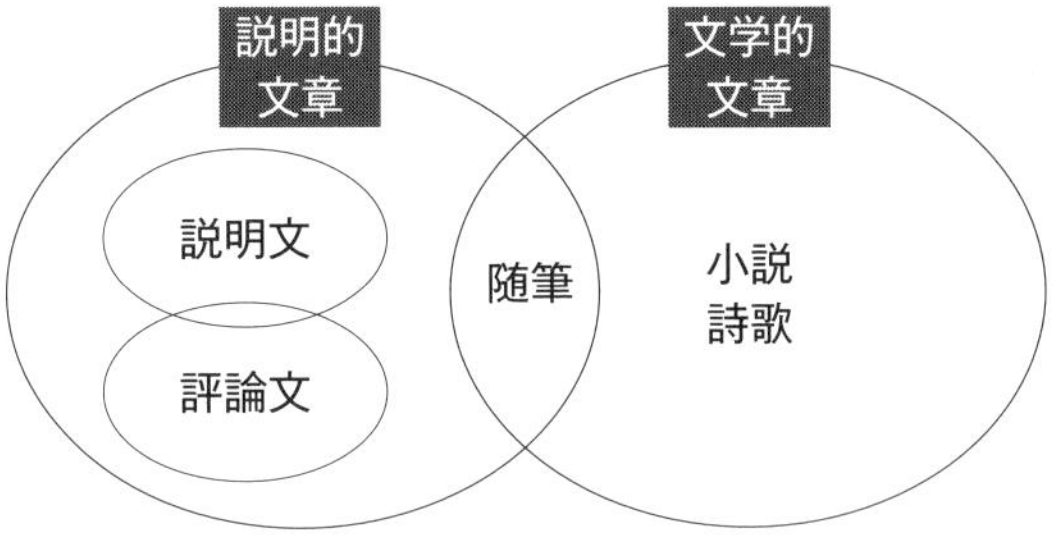

①説明的文章は、文種によって目的となる機能が異なる。

②説明や解説は、実用的な機能として正確な情報の伝達が目的。

③評論や論説は、自分の考えや意見を理解してもらう説得が目的。
　○説明文・解説文・記録文・報道文　等
　　…情報を正確に伝えるための文章
　○評論文・論説文・主張文　等
　　…書き手（筆者）の考えや意見を伝え、理解してもらうための文章

④機能や目的に合わせた『読み方』を学習することになる。

❶ 説明的文章は、文種によって目的となる機能が異なる

文種（ジャンル）の呼び方は、多様ですが、その目的や機能（働き）から大きく二つに分けて考えるとよいでしょう。ただし、厳密に分けること、分類することが目的ではなく、どのような「読み方」の学習をするか、を考える目安として授業づくりに役立てます。

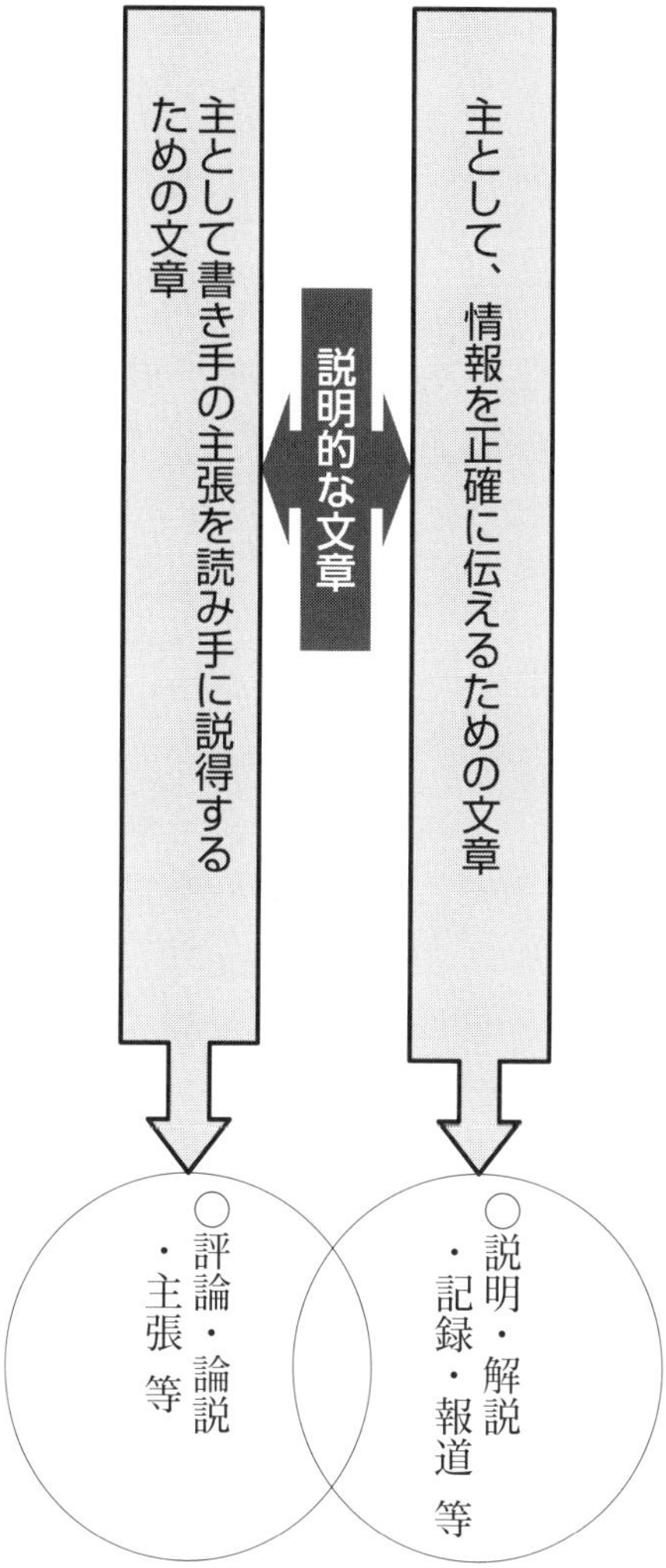

まず、知識や情報を得るために読む解説や説明があります。道具の使い方が書かれた説明書を読んで、使えるようにならなくてはなりません。目的や用途に応じて、正確に情報を読むことが求められます。それぞれの文章の目的や働きに応じた情報の取り出し方を学ぶことが重要です。

次に、書き手（筆者）の考えや意見を読み手（読者）に伝え、説得することが目的となっている評論や論説があります。読み手を説得する目的や働きをもった文章です。読み手は、その考えや意見を鵜呑みにするのではなく、なぜそう考えるのか、どのような根拠や理由があるのかを吟味しながら読むことになります。

当然、知識や情報を発信する文章にも、筆者の主張や意図も含まれています。評論や論説などから情報を読み取ることも重要です。

❷ 説明文や解説は、実用的な機能としての正確な情報の伝達が目的

正確な情報の伝達が目的の説明文や解説の読み方としては、説明の順序や情報の示し方に気を付けて読むことになります。

新聞などの報道文は、5W1Hという要素で取り出すことによって、伝えられる事実や事件の全容がつかめます。説明文や解説文も、どのような話題や題材について、ドウシタ、ドンナダ、何ダというように情報の中心を取り出すことが読み方の第一歩です。

例えば、「ちょっと立ち止まって」（光村・一年）という説明文があります。三枚の「だまし絵」を題材として「一つの図でも風景でも見方によって見えてくるものがちがう」という結論に至る文章です。さらに見方のちがいによって「新しい発見の驚きや喜びを味わうことができる」という価値を付け加えています。しかし、その価値について討論するような文章ではありません。三枚の「だまし絵」が、それぞれの見方によって見えるものがちがうという面白さを説明や解説を読むことを通して、体験することが読むことになります。つまり正確に情報を読み取り「見方によってちがう見え方」の面

白さを自身の体験につなげることができればよいのです。説明の言葉と「見え方」という実際とが結び付くことができるようにすることが、この学習の目的になります。

❸▼評論文や論説文は、自分の考えや意見を理解してもらう説得が目的

一方、評論文や論説文は、書き手のものの見方や考え方、意見や主張を読み手に訴えるものです。そこでまず、どのような話題や題材について、どのような見方、考え方をもっているのか、どのような根拠や理由をもっているのかを読み分けます。

例えば、中学校三年生の教材に「誰かの代わりに」（鷲田清一）という論説があります。最終段落の筆者の結論部分に、「誰かの代わりに」とはこういう生き方のことだなどと学ぶべき答えが述べられているわけではありません。むしろ中学三年生にとっては、筆者が「なぜ、そのように考えるのだろうか」という疑問ばかりが残る文章なのではないでしょうか。形式的に筆者の主張とその根拠などと書き抜いて分かったつもりになるのでは意味がありません。読み手は疑問ばかりです。その疑問の答えを本文中に求めながら書き手との対話、自身との対話を続けながら読み進めていく文章です。形式的な操作を学ぶのではなく、問いかけながら読み進めていく読み方、思考法を学ぶ教材になります。

❹▼機能や目的に合わせた「読み方」を学習するために

説明文や論説文などのいわゆる説明的な文章の読みの力を伸ばすためには、教材文がどのような目的や機能をもった文章であるのかをまず捉えてみましょう。正確な情報伝達のための文章なのか、その文章の特徴に合わせて「授業づくり」に取り組みましょう。

Q

2 説明文・論説文の教材研究の方法

説明文・論説文の教材研究で留意すべき点は何でしょうか？

A

教材文だけを扱うのではなく、情報の背景や書き手の立場や考え方を捉えて読むことが重要になります。

①教材文をしっかりと読むために、教師自身が要旨を捉え、全体を要約してみる。

まずは、教師自身が教材を正しく理解することが大切です。

②説明や説得のための文章構成や表現の仕方の工夫を見つける。

それぞれの文章の特徴を捉えましょう。

③原典や関連資料に当たって、内容の広がりや深さを理解する。

教材を更に深く理解しましょう。

④書き手（筆者）の立場や考え方、表現の意図やねらいを踏まえて読む。

少し視点を変えて、文章を捉えなおしましょう。

❶ 教材文をしっかりと読むために、教師自身が要旨を捉え、全体を要約してみる

「情報の背景や書き手の立場や考え方を捉えて読むことが重要」と書きましたが、まずは教材文そのものについて理解を深めることが大切です。本文を丁寧に読み、文章全体を捉えましょう。要約するに当たっては、最初のうちは意味段落ごとに内容をつかむことをお勧めします。説明的文章は、「序論・本論・結論」という構成になっていることが多いので、ここではそれにしたがって流れを説明します。

1 「序論」では、問題提起を捉える

「序論」には問題提起が書かれるのが一般的です。文末が「~か」という疑問形になっている文に注意しましょう。また、複数の問題提起が書かれている場合もあるので、読み落とさないように注意しましょう。

2 「本論」では、事実と意見を区別して捉える

「本論」には具体的な事例（事実）と筆者の考え（意見）が書かれています。文章の長さや内容によっては、本論がさらに細かく分かれる場合もあります。いずれにしても、項目ごとに何が書かれているのかを明らかにする必要があります。まずは、重要語句（キーワード）を見つけましょう。キーワードは、「文章の中心となる題材やそれに関連する言葉」、「題名に使われている言葉」、「繰り返し使われている言葉」などを手掛かりにするとよいでしょう。事実と意見の区別については、文末表現（「~だ」「~である」は事実で、「~と思う」「~と考える」は意見の可能性が高い）や接続語（「このように」や「つまり」はまとめの段落の可能性が高い）に着目しましょう。

3　「結論」では、筆者の主張を捉える

「結論」には筆者の主張が書かれています。複数の段落になっている場合は、どの段落が中心になっているかを捉えましょう。そのうえで、中心となる文を文末などを手掛かりにさがし、まとめていきます。

4　要約の字数を定め、全体をまとめる

最後に、全体をまとめます。字数については、中学校一年生の教材（例えば、最後の説明的文章の教材「幻の魚は生きていた」（光村））では二〇〇字程度、中学校三年生の教材では四〇〇字程度が目安になります。

慣れてきたらいきなり文章全体を要約することも可能でしょうが、説明的文章は教科書教材でも定番教材と言われるものが少なく、入れ替わりが激しいので、新教材を指導する際には、手順で示したように、文章全体を一度丁寧に読んでまとめてから授業に臨むことをお勧めします。また、ここで示した手順は、生徒に指導する際にも有効です。

❷説明や説得のための文章構成や表現の仕方の工夫を見つける

一口に「説明文・論説文」といっても、文章の種類は様々です。光村図書の教科書に載せられている説明的文章の教材文に限っても、説明文・論説文・評論文・記録文・情報文などがあります。それぞれの文章の種類にあわせた表現の工夫が見られます。

1　文体の工夫

稲垣栄洋「ダイコンは大きな根？」（光村・一年）は、説明文であり、語りかける「です・ます」

調の文体は、読み手に親しみやすく分かりやすい印象を与えます。それに対して、辻大和「シカの『落ち穂拾い』―フィールドノートの記録から」（光村・一年）は記録文であり、箇条書きも交えて「だ・である」調で淡々と説明する書き方になっています。また、布施英利「君は『最後の晩餐』を知っているか」（光村・二年）は評論文ですが、題名からも分かるように、筆者が読者に「最後の晩餐」の魅力を語りかけるような書き方になっています。

2　構成の工夫

説明的文章の多くは、「序論・本論・結論」というオーソドックスな形になっているものがほとんどです。しかし、中には、「シカの『落ち穂拾い』―フィールドノートの記録から」（光村・一年）や「月の起源を探る」（光村・三年）のように、項目ごとに小見出しをつけている文章もあります。どちらも科学的な読み物なので、仮説を検証していく流れや学説を比較するために効果的な構成になっています。

3　図表の工夫

先に挙げた「シカの『落ち穂拾い』―フィールドノートの記録から」（光村・一年）と「月の起源を探る」（光村・三年）には、図表の工夫もみられます。二〇〇三年のＰＩＳＡショック以後、国語の教科書にも図や表、グラフが用いられている文章が載せられるようになりました。それらが載せられていることにより、文章が分かりやすくなるように工夫されているはずです。「もし、図表がなかったらどうだろう」「他の表現方法はないだろうか」などと考えながら読むことで、より理解が深まるでしょう。

③ 原典や関連資料に当たって、内容の広がりや深さを理解する

1　原典に当たる

教科書に載せられている説明的文章は、教科書のための書き下ろしの文章がほとんどですが、たいていは大人や中高生向けの同じ内容の文章を教科書向けに書き改めたものです。例えば、説明的文章において数少ない定番教材とも言える桑原茂夫「ちょっと立ち止まって」（光村・一年）の場合は、桑原茂夫が一九八二年に書いた『だまし絵百科』（筑摩書房）を、教科書のために書き改めたものです。また、「ダイコンは大きな根？」（光村・一年）や「シカの『落ち穂拾い』―フィールドノートの記録から」（光村・一年）も、それぞれ同じ筆者の『キャベツにだって花が咲く』（光文社新書）、『どうぶつと動物園』（東京動物園協会）を書き改めたものです。原典に目を通しておくことは、教材を理解する上での参考になることでしょう。

2　関連資料に当たる

「君は『最後の晩餐』を知っているか」（光村・二年）は、教科書のための書き下ろし作品ですが、同じ筆者の『君はレオナルド・ダ・ヴィンチを知っているか』（ちくまプリマー新書）という作品を読むと、教科書の文章中に出てくる「遠近法」「明暗法」「解剖学」というキーワードについてよりよく理解することができます。また、中坊徹次「幻の魚は生きていた」（光村・一年）では、筆者以外にも、クニマスについて書かれた環境省の資料や、ＮＨＫのテレビ番組、あるいはクニマスに関するサイトなども簡単に見ることができます。最近では教科書会社のホームページが充実しているので、こういった情報も簡単に手に入れることができます。

④ 書き手（筆者）の立場や考え方、表現の意図やねらいを踏まえて読む

筆者が文章を書くのは、読者に何か伝えたいことがあるからです。そして、それを効果的に伝えるために、様々な工夫をしています。教師はまず、そのことに注意しながら文章を読む必要があります。最近は、生徒の主体的な活動が提唱されていますが、教師がきちんと文章を読んでおらず、何の目的も手立てもなしにただ活動だけをさせていたら、生徒には何の力も付きません。筆者の主張を踏まえて適切な学習活動を設定したうえで、生徒たちに適切な助言をし、導いていく必要があります。そのために、一斉授業の時よりも、活動主体の授業を行うときの方が、教師の教材研究を入念に行う必要があるのです。

Q

1　説明文・論説文の授業への導入

説明文や論説文の授業の導入はどのようにすればよいでしょうか？

A

説明文・論説文の話題への関心や興味を引き出し、意欲的な態度（知りたい、考えてみたい）にさせることが重要です。

①教材文の話題・題材について、どのような知識や情報をもっているか確かめましょう。

単元の導入では、既有の知識や日常と結び付け、読み進めたいという動機付けを行います。具体的には、日常生活に関連する問いを投げかけたり、関連するニュースや写真、本などを紹介したりします。

> 今日から学習する説明文のテーマについて、知っていることはありますか。

> そう言えば、似たような話を本で読んだような気がするな。

②未知の情報やものの見方・考え方を確認し、追究する課題を設定しましょう。

今回の教材文でどのような力を身に付けさせたいかを考え、学習目標を設定します。そして、目指すべき生徒の姿（どのような状態をゴールとするのか）をイメージし、それを実現するための課題を設定します。

③生徒が学習活動をイメージできる「単元名」を考えましょう。

何のためにこの説明文を学ぶのか、生徒に分かりやすく伝える必要があります。学習者に、活動内容やゴールイメージが伝わるような「単元名」があるとよいでしょう。

❶ 教材文の話題・題材について、どのような知識や情報をもっているか確かめる

説明文・論説文を国語の授業で学習する目的は「筆者の説明の仕方」や「意見の述べ方」を学び、「自分の意見をもつ」ち、「評価する」ためです。述べられている内容を詳しく追究することが本来の目的ではないので、内容主義に偏ってはいけません。しかし、導入時、ある程度学習者の関心を惹きつけることは必要です。単元の導入では、既有の知識や日常と結び付け、読み進めたいという意欲付け・動機付けを行います。

具体的には、日常生活に関連する問いを投げ掛けたり、関連するニュース、写真、本などを紹介したりします。教材研究では、本文の分析を十分行うことはもちろん、生徒が興味をもちそうな周辺情報もいくつか準備するといいでしょう。

「ダイコンは大きな根?」（光村・一年）の場合

中学校最初の説明文教材であるため、小学校での説明文の学習を振り返らせつつ進めていくことになります。また、「野菜」についての印象や、「味」、「栄養」について知っていることをフリートークするなども導入の一つでしょう。フリートークから始まる授業は、中学校に入学したての一年生の心を解きほぐします。また野菜クイズなどを指導者が用意してもいいでしょう。「ブロッコリー、カリフラワーは花?　それとも実?」などと投げかけ、つぶやきを拾い上げます。そのやりとりの中で説明文の説明の仕方、論証の過程を確かに読み取る必然性が生まれます。

「幻の魚は生きていた」（光村・一年）の場合

絶滅した魚が生きていたという事実は、「どうして?」、「どのように?」という興味を起こさせる

と予想されます。興味を引き出すための周辺情報として、話題である「クニマス」が発見された当時のニュース記事を見つけ、当時の人々の驚きを伝える方法などが考えられます（昨今は、インターネット検索で簡単に周辺情報が入手できます。ただし、出典には注意しましょう）。また、情報収集のなかで第一発見者がテレビタレントでもあるさかなクン（東京海洋大准教授）であることが分かれば、彼の著作本『おしえて！　さかなクン』（角川つばさ文庫）のクニマスの記述を紹介することもできます。

「月の起源を探る」（光村・三年）の場合

「竹取物語」など、古来より月は身近な存在です。「宇宙」のロマンを感じさせる導入として、理科の教科書や科学雑誌、映像などで天体を確認してもいいでしょう。

❷ 既習事項を確認し、本単元で追究する課題を設定する

説明的文章の読みについて、学習指導要領では「文章の中心的な部分と付加的な部分」、「事実と意見」、「文章全体と部分との関係」、「論理の展開の仕方（主張とその根拠など）」、「構成や展開」、「表現の仕方（読み進めたくなる問いかけ、分かりやすくする例示など）」に注意して読み、さらに「自分の考えをもつ」、「評価する」ことが求められています。

まず、生徒が既習し、身に付けている知識・技能を確認します。「前回の単元では○○について学習したね」などと生徒に確認してもいいでしょう。そのうえで、今回の教材文でどのような力を身に付けさせたいかを考え、学習目標を設定します。そして、目指すべき生徒の姿（どのような状態をゴールとするのか）をイメージし、それを実現するための課題を設定します。生徒にとって本文を読む必要性がある課題がよいでしょう。

「ダイコンは大きな根?」(光村・一年)の場合

単元目標を「段落の役割に着目しながら、文章の内容を捉える」、「筆者の説明の仕方の工夫について考える」に設定します。本文を読む必要性のある課題の例は、「筆者の書き方を真似して、他の野菜で説明文をつくる」です。筆者の「序論・本論・結論」の文章構成や「問い掛け→答え」の書き方、題名の付け方をモデルにして実際に書くことで、段落の役割、筆者の説明の仕方の工夫に気付かせることが目的です。また、書かれた生徒作品を比較、交流することで、どのような問いの立て方、答えの示し方がより有効であるかに気付くこともでき、「書くこと」の学習にも生かされます。

「幻の魚は生きていた」(光村・一年)の場合

前の単元で「序論・本論・結論」、「問い掛け→答え」に着目しながら読むことで、文章中の中心的な部分と付加的な部分を読み分ける力を身に付けています。したがって、この教材では、各段落の役割を生徒が発見し、文章全体を構造的に捉えたうえで、要約するという学習活動が考えられます。課題の例は「パワーポイントで説明しよう」です。パワーポイントのページ数、文字数を制限することで、段落の相互関係や内容をまとめる言葉に着目して本文を読もうとする姿勢が求められます(パワーポイントが難しいようなら、紙芝居の形式でもよいでしょう)。

「月の起源を探る」(光村・三年)の場合

「図表の役割」や「文章の構成」は既習しています。また、論の展開上大切な文を選び、それを効果的に用いることが要約につながることも既習しています。そこで本文中の四つの「問い」とその「答え」を抜き出して要約すると、要約に直接的には必要ない記述があることに気が付きます。「親子か兄弟か、それとも他人か」の段落です。「小見出し」の効果とともに、この段落の役割について考える学習活動が考えられます。「この段落がなかった場合、文章全体の印象や伝わり方はどう変わるか」という学習課題を設定することで、段落の役割や「仮説」→「実証」の伝わり方、筆者がこの段落を通して伝えたかったことについて、自分の考えをもつことが期待されます。

❸ 生徒が学習活動をイメージできる「単元名」を考える

「ダイコンは大きな根?」（光村・一年）の場合

単元名を「説明名人になろう」とすることで、学習活動が生徒にイメージしやすくなり、意欲向上につながります。「野菜博士になろう」でもいいのですが、理科や家庭科の学習と混同しないよう、言葉の学習であることを単元名に盛り込みました。

「幻の魚は生きていた」（光村・一年）の場合

「『クニマス発見』インタビュー番組企画書を作ろう」という単元名で、限られた字数・枚数で、番組（教材文）のあらすじを伝える学習活動をイメージできるようにします（次ページはそのワークシートの実際です）。

「月の起源を探る」（光村・三年）の場合

月がどのようにできたかを説明している説明文教材です。簡単に実験したり観察したりできる対象ではないため、「仮説」と「検証」を繰り返すことで、現在の「仮設」にたどり着いたことを述べています。そこで、単元名を「仮説を検証する研究を小学六年生に伝えよう」と設定します。「仮説」「検証」の流れを図表も交えて要約して伝える学習活動を生徒にイメージさせます。

〈答えのポイント〉

B 答えの中心を最初に書くと分かりやすい

C 見つかった経緯を要約（きっかけから発見まで）

E 中坊さんがどう思っているか、想像して書く

F 筆者の言葉を使って書く

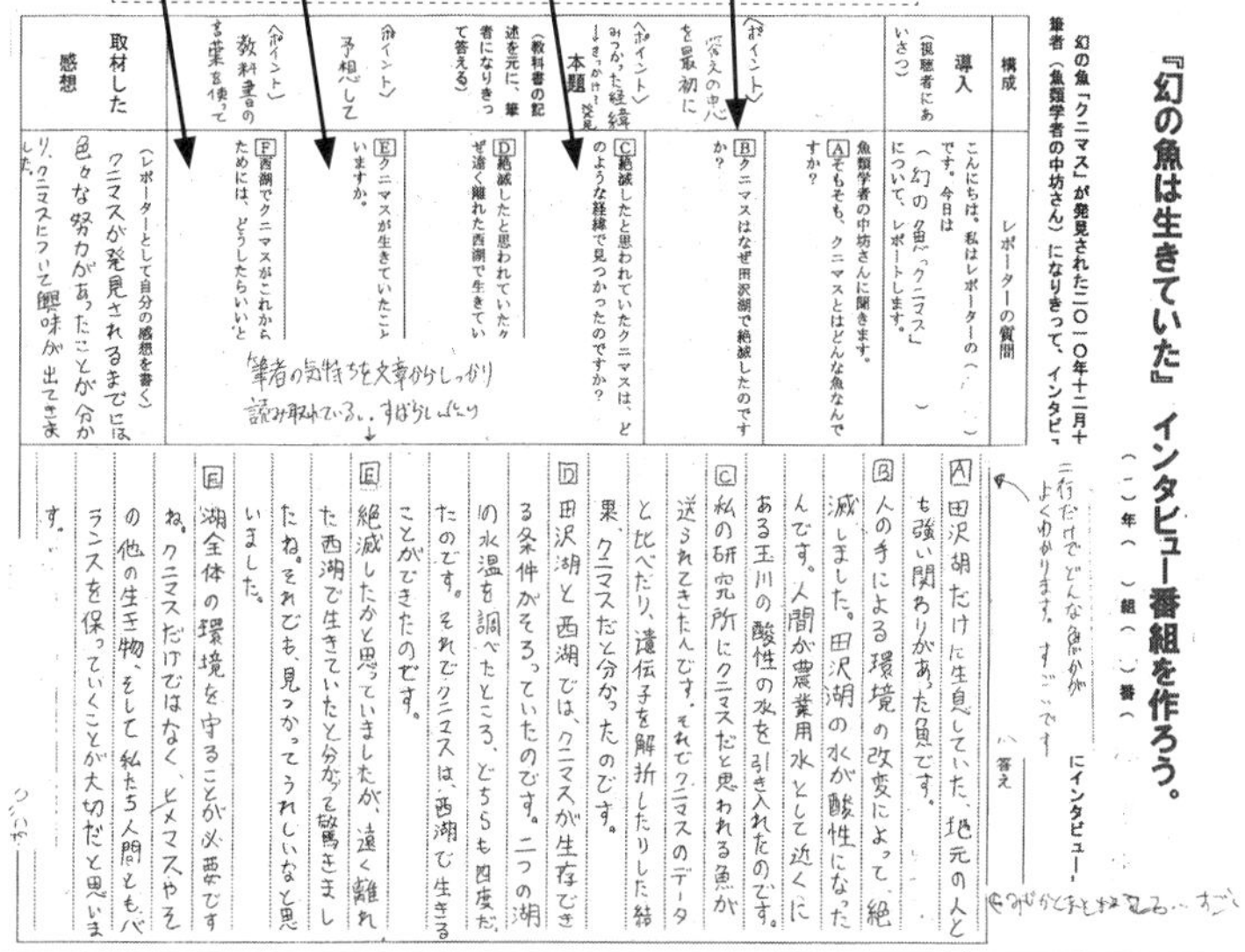

『幻の魚は生きていた』インタビュー番組を作ろう。

（　）年（　）組（　）番（　）

幻の魚「クニマス」が発見された二〇一〇年十二月十……にインタビュー……

筆者（魚類学者の中坊さん）になりきって、インタビュ……

構成	レポーターの質問	答え
導入（視聴者にあいさつ）	こんにちは。私はレポーターの（　）です。今日は（幻の魚「クニマス」）について、レポートします。魚類学者の中坊さんに聞きます。A そもそも、クニマスとはどんな魚なんですか？	A 田沢湖だけに生息していた、地元の人とも強い関わりがあった魚です。
本題（教科書の記述を元に、筆者になりきって答える）〈ポイント〉答えの中心を最初に	B クニマスはなぜ田沢湖で絶滅したのですか？	B 人の手による環境の改変によって、絶滅しました。田沢湖の水が酸性になったんです。人間が農業用水として近くにある玉川の酸性の水を引き入れたのです。
〈ポイント〉みつかった経緯→きっかけ〜	C 絶滅したと思われていたクニマスは、どのような経緯で見つかったのですか？	C 私の研究所にクニマスだと思われる魚が送られてきたんです。それでクニマスのデータと比べたり、遺伝子を解析したりした結果、クニマスだと分かったのです。
	D 絶滅したと思われていたクニマスは、なぜ遠く離れた西湖で生きていたのですか？	D 田沢湖と西湖では、クニマスが生存できる条件がそろっていたのです。二つの湖の水温を調べたところ、どちらも四度だったのです。それでクニマスは、西湖で生きることができたのです。
〈ポイント〉予想して	E クニマスが生きていたことをどう思いますか。	E 絶滅したかと思っていましたが、遠く離れた西湖で生きていたと分かって感動しましたね。それでも、見つかってうれしいなと思いました。
〈ポイント〉教科書の言葉を使って	F 西湖でクニマスがこれからも生きていくためには、どうしたらいいと…	F 湖全体の環境を守ることが必要ですね。クニマスだけではなく、ヒメマスやその他の生き物、そして私たち人間ともバランスを保っていくことが大切だと思います。
取材した感想	（レポーターとして自分の感想を書く）クニマスが発見されるまでには色々な努力があったことが分かり、クニマスについて興味が出てきました。	

筆者の気持ちを文章からしっかり読み取れている。すばらしいよ！

二行だけでどんな魚かがよくわかります。すごいです

中心をまとめられている…すご…

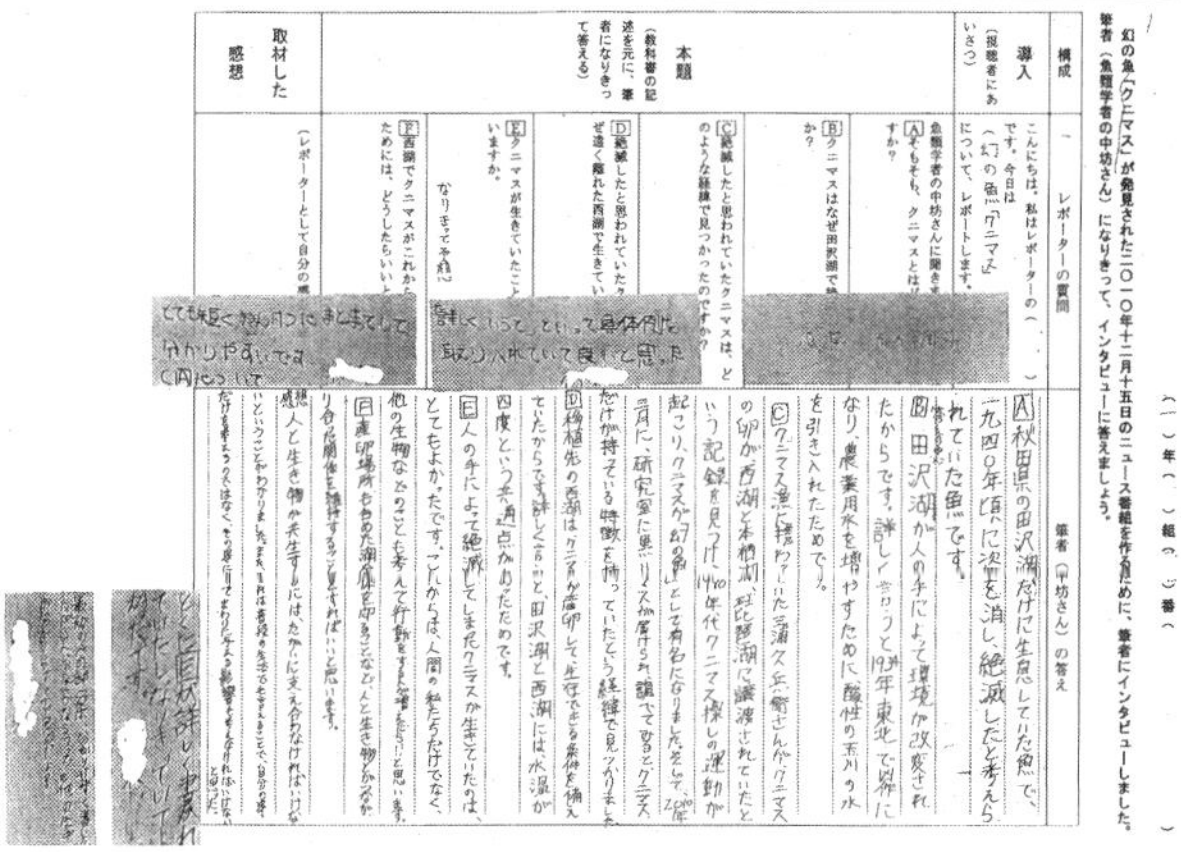

『幻の魚は生きていた』インタビュー番組を作ろう。

（　）年（　）組（　）番（　）

幻の魚「クニマス」が発見された二〇一〇年十二月十五日のニュース番組を作るために、筆者にインタビューしました。

筆者（魚類学者の中坊さん）になりきって、インタビューに答えましょう。

構成	レポーターの質問	筆者（中坊さん）の答え
導入（視聴者にあいさつ）	こんにちは。私はレポーターの（　）です。今日は（幻の魚「クニマス」）について、レポートします。魚類学者の中坊さんに聞きます。A そもそも、クニマスとはどんな魚なんですか？	A 秋田県の田沢湖だけに生息していた魚で、一九四〇年頃に姿を消し、絶滅したと考えられていた魚です。
本題（教科書の記述を元に、筆者になりきって答える）	B クニマスはなぜ田沢湖で絶滅したのですか？	B 田沢湖が人の手によって環境が改変されたからです。詳しく言うと1939年東北で農業用水を増やすために酸性の玉川の水を引き入れたためです。
	C 絶滅したと思われていたクニマスは、どのような経緯で見つかったのですか？	C クニマス漁に携わっていた三浦久兵衛さんがクニマスの卵が西湖と本栖湖、琵琶湖に譲渡されていたという記録を見つけ、1940年代クニマス探しの運動が起こり、クニマスが「幻の魚」として有名になりました。そして、2010年3月に、研究室に黒いヒメマスが届けられ、調べてみるとクニマスだけが持っている特徴を持っていたという経緯で見つかりました。
	D 絶滅したと思われていたクニマスは、なぜ遠く離れた西湖で生きていたのですか？	D 移植先の西湖は、クニマスが産卵して生存できる条件を備えていたからです。詳しく言うと、田沢湖と西湖には、水温が四度という共通点があったためです。
	E クニマスが生きていたことをどう思いますか。なりきって予想	E 人の手によって絶滅してしまったクニマスが生きていたのは、とてもよかったです。これからは、人間の私たちだけでなく、他の生物などのことも考えて行動をすることが大切だと思います。
	F 西湖でクニマスがこれからも生きていくためには、どうしたらいいと…	F 産卵場所も含めた湖全体を守ることなど、人と生き物がかかわり合う関係を維持すればいいと思います。
取材した感想	（レポーターとして自分の感想を書く）	感想 人と生き物が共生するには、たがいに支え合わなければいけないということがわかりました。[illegible]

とても短く分かりやすくまとまっていて分かりやすいです。

「詳しくいうと」といって具体例を取り入れていて良いと思った。

プリント（生徒作品）

Q

2　書くことや話すこと・
聞くことの領域との関連

説明文・論説文の授業を活動的にするには、どのようなことをすればよいでしょうか？

A

読むことの学習のために、書くことや話すこと、聞くことの領域と関連した単元づくりをすると、活動的になります。

①読むことの目的を明確にしましょう。

この教材でどのような力を付けさせたいのか、年間指導計画や指導書などで確認し、生徒の実態を照らし合わせて決めましょう。

②書くこととの関連によって、自分の読み取ったことを確認しましょう。

書くことの学習として「要約文」などの「リライト」、「本文をモデルに文章を書く」、「感想・意見を書く」などが考えられます。それらが生徒にとって必然的に行われるような学習活動を設定するようにしましょう。

③読み取ったことについて自分が思ったり考えたりしたことを書いたり話したりしましょう。

テーマを決めて書いたり話したりする活動を継続して行っていくことで、自分の文章理解の度合が分かるとともに、効果的に分かりやすく伝える工夫を自覚することができます。

④話したり聞いたりすることによって、読み取ったことを広げたり深めたりしましょう。

ペアや4人組で話し合います。他者からの発言や質疑応答によって、自らの既有の認識を揺さぶられ、考えが広がり、深まります。

❶ 読むことの目的を明確にする

説明的文章を読む日常的な動機は、「何かについて新たな知見を得たり考えたりするために読む」ことです。生徒の「知りたい」と思う好奇心を生かした学習課題を設定し、授業展開ができると、学習活動が活発になるでしょう。

一方で、学習指導要領では、「構造と内容の把握」だけでなく「精査・解釈をすること」、「考えの形成」などが求められています。

この教材でどのような力を付けさせたいのか、年間指導計画や指導書などで確認し、生徒の実態と照らし合わせて決めてください。

❷ 書くこととの関連によって、自分の読み取ったことを確認する

「書くこととの関連」については、「要約文」などの「リライト」、「本文をモデルに文章を書く」、「感想・意見を書く」などが考えられます。なるべくそれらが必然的に行われるような学習活動を設定するようにしましょう。

❸ 読み取ったことについて自分が思ったり考えたりしたことを書いたり話したりする

「説明文・論説文」学習の最後に、「新しく知ったこと」、「なるほどと思ったこと」、「納得度は○%、その理由は」など、テーマを決めて書いたり話したりする活動を継続して行っていくことで、自分の文章理解の度合が分かるとともに、効果的に分かりやすく伝える工夫を自覚することができるようになります。また、考えたことを発表する機会があると、さらに活動の度合が高まります。

④ 話したり聞いたりすることによって、読み取ったことを広げたり深めたりする

「話し合い」というと大がかりに聞こえますが、教科書に記載されている学習活動について、ペアや四人組で話し合うことを日頃から行っていくことで、話すこと、聞くことの活動の継続につながります。他者からの発言や質疑応答によって、自らの既有の認識が揺さぶられ、考えが広がり、深まります。

この四つのポイントをそれぞれ個別に取り入れてもいいですし、これらが統合的に含まれている学習活動を設定することも可能です。

「幻の魚は生きていた」（光村・一年）の場合

書くことの学習と関連付けて「クニマス新聞を作ろう」という単元をつくりました。目標を「読むこと　イ　文章の中心的な部分と付加的な部分、事実と意見などとを読み分け、目的や必要に応じて要約したり要旨を捉えたりすること」と設定します。新聞なので当時の人々へのインタビューを想像して再現するなど、楽しい活動が生まれます。

新聞形式にすると字数の制限があるため、内容を簡潔に要約していくことになります。また、記事やインタビューによって、クニマスを発見した当時の人々の驚きや興奮を再現することも可能ですし、社説欄を設定すれば取り上げた内容に関連した自分の意見を書くこともできます。

「生物が記録する科学　―バイオロギングの可能性」（光村・二年）の場合

目標を「読むこと　ウ　文章の構成や展開、表現の仕方について、根拠を明確にして自分の考えを

まとめること」と設定します（「話すこと・聞くこと　ウ　目的や公共に応じて、資料や機器などを効果的に活用して話すこと」も関連しています）。

〈学習活動〉「バイオロギング博士になろう」（説明文をパートごとにプレゼンする）

教材文やその他の参考資料を読み、図表を作り足すなどして、分かりやすく説明するという学習活動です。よりよい説明を目指すことで、教材文には書かれていない詳しい説明や比較のための資料があるとよいことに気付き、情報を集めようとします。さらに、構成や展開、表現を工夫しようとする過程で、もとの教材文の工夫に気付くことができます。また、図表を工夫することで、その働きや効果に気付くこともできるでしょう。参考資料は、指導者が用意しても、生徒が探してもよいでしょう。

「立場を決めて討論をしよう（二年）」の場合

目標を「読むこと　オ　多様な方法で選んだ本や文章などから適切な情報を得て、自分の考えをまとめること」と設定します（「話すこと・聞くこと　オ　相手の立場や考えを尊重し、目的に沿って話し合い、互いの発言を検討して自分の考えを広げること」も関連しています）。

ニュースなどで伝えられている時事問題の中からテーマを選び、立場を決めて討論を行います。意見の根拠となる資料（新聞記事や論文など）を読み、自分の考えをまとめる活動を行います。学習材となる資料（新聞記事や論文など）の集め方や討論の仕方は生徒の実態に合わせて決めましょう。

Q

3 比べ読み、調べ読み、
インターネット、図書館の活用

比べ読みや調べ読みはどのような学習の場面でさせたらよいでしょうか？

A

一人一人の学習課題を追究する過程で、比べ読みや調べ読みを通して多くの情報や様々な立場や考えを知ることが大切になります。何をどのように比べたり、調べたりするとよいのか、読み方を丁寧に指導することが重要になります。

①一人一人が学習課題をもつ。
1. まずは教師の教材研究
2. 生徒自身が取り組みやすい教材で
3. 生徒自身の考えや立場をはっきりさせておく
★比べ読みをする前に、「生徒自身の考えや立場」をはっきりさせましょう。

②学習課題を追究する過程を構想する。
○活動のゴールを明確に示して、生徒に学習の見通しをもたせましょう。

③比べ読みする時のポイントを確かめる。
1. 比べ読みに時間をかけすぎない
2. 比べるポイントを示す
・筆者の主張・タイトル・表現、具体例・論の展開
★ポイントを押さえて学習に取り組みましょう。

④調べ読みする時のポイントを確認する。
1. まずは教師が授業の見直しをもつ
2. 調べるポイントを示す
3. 役割分担を明確にする

❶ 一人一人が学習課題をもつ

1　まずは、教師自身が教材の特徴をしっかり捉える

これまでのような習得型の読みから脱却し、活用型の読みへと転換するために、比べ読みや調べ読みが有効な手法の一つであることは間違いありません。しかし、比べ読みや調べ読みをする場合でも、最初に「情報の背景や書き手の立場や考え方を捉えて読むこと」が重要になります。教師自身が教材文そのものについて理解を深め、文章の特徴を捉えることは、どのような授業を展開する場合にも欠かせません。まずは、教師自身が教材を丁寧に読み、文章全体を捉えましょう。教材研究の詳しい方法については、本書Ⅱ章1－2「説明文・評論文の教材研究の方法」を参考にしてください。

2　生徒自身が取り組みやすい教材を選ぶ

比べ読みや調べ読みをするためには、もとの文章をしっかり理解することが何よりも大切です。ですから、もとの文章を理解するためにじっくり時間をかけて読む必要があるような、難度の高い教材は、比べ読みや調べ読みには適していません。ですから、説明的文章の全てで比べ読みや調べ読みをする必要はありません。年間に学習する説明的文章から、生徒がすんなり読むことができるようなテーマや分量をもつ教材を選びましょう。

3　生徒自身の考えや立場をはっきりさせておく

比べ読みや調べ読みの目的は、活動を通して多くの情報や様々な立場や考えを知ることにあります。そのためには、生徒自身が自分が今どのような考え（立場）にあるのかを自覚する必要があるのです。もとの文章を一通り読んだところで、「筆者の主張に賛成・反対、その理由は～だからです」「～とい

う部分が印象に残りました。なぜなら〜からです」といったまとめをすることを怠らないようにしましょう。

❷▼学習課題を追究する過程を構想する

○ 活動のゴールを明確に示す

学校教育においては、「自ら課題を見付け、自ら学び、自ら考え、主体的に判断し、よりよく問題を解決する資質や能力を育てること」が求められています。そのためには、生徒が自分の学習過程を振り返り、自己評価しながら課題追究する意欲を高めることが大切です。比べ読みや調べ読みは、個人の活動が多くなるため、教師の机間指導での適切なアドバイスとともに適切なゴール設定が重要になります。最終的には自分の考えの広がりや深まりを書く形でまとめることが多いと思いますが、比べ読みや調べ読みを始める段階で、「最後は○○という形でまとめてもらいます」と示すことが必要です。また、まとめ方も明確に示しましょう。例えば、「二つの文章を読み比べて、あなたはどちらの考えに近いですか。自分の立場を示し、具体例を交えて四○○字程度でまとめなさい」というように観点が分かると、生徒にも活動の目的が伝わります。

❸▼比べ読みする時のポイントを確かめる

1 比べ読みに時間をかけすぎない

最近は、比べ読みを研究授業などで取り上げる機会も多くなりましたが、時折もとの文章を読むことより、比べ読みの方に比重を置きすぎている授業を見かけることがあります。学習のねらいにもよりますが、比べ読みはあくまで、もとの文章の理解を深めるための活動だということを忘れてはなりません。ですから、比べ読みをする文章は、もとの文章よりも平易な文章を取り上げることが望ましいでしょう。

例えば、安田喜憲「モアイは語る—地球の未来」（光村・二年）という、説明的文章としては定番教材とも言える文章がありますが、これに対しては鷲谷いづみ「イースター島にはなぜ森林がないのか」（東京書籍・小学六年）を比べ読み教材として取り上げるのが有効です。

2　比べるポイントを明確に示す

最終的には、生徒自身が自分でポイントを見つける力を付ける必要がありますが、まずは教師が比べるポイントを示しましょう。文章によって多少の違いはありますが、例えば、次のようなものが挙げられます。

・筆者の主張（似ているところと違うところ）
・タイトル（から受ける印象の違い）
・表現、具体例（どちらか一方にしかない言葉や内容はなにか）
・論の展開（そこから、文章にどのような説得力が生まれるか）

❹調べ読みする時のポイントを確認する

1　まずは、教師が授業の見通しをもつ

調べ読みに当たっては、インターネットや図書館の活用が有効になります。ただし、事前の準備を怠ってはいけません。学校図書館を活用するときは、調べるのに必要な資料が揃っているかをきちんと確認しましょう。必要に応じて、図書館司書や地域の公共図書館との連携も図っていくことが大切です。

2　調べるポイントを示す

調べ読みのポイントとしては、次のようなものが考えられます。

・目的をはっきりさせる

調べ読みは、考えを広げたり深めたりするための活動です。ただし、目的をはっきりさせないと、「調べて終わり」ということになりかねません。

例えば渡辺武信「玄関扉」（三省堂・一年）は、外開きと内開きのドアを比較文化論の観点から書いた文章ですが、外開きのドアについて災害時の問題点をネット情報で見つけるなど、他の観点から外開きと内開きのドアの利点と欠点を調べる活動は、考えを広げさせる活動として有効でしょう。

・調べる方法を選択する

調べる方法としては、学校図書館やインターネットが一般的でしょうが、調べる内容によって、どちらを使った方がよいかを考える必要があります。最初は、教師が調べる方法を指定しても構いませんが、次第に生徒自身が調べる方法を適切に選ぶことができるようになるのが望ましい、と言えるでしょう。

3　役割分担を明確にする

活動主体の授業は、一斉授業に比べて生徒の学習状況をつかむことが難しくなります。目的をはっきりさせるとともに、役割分担を明確にすることも大切になります。

例えば、布施英利「君は『最後の晩餐』を知っているか」（光村・二年）では、「遠近法」「明暗法」「解剖学」という三つのキーワードがありますが、グループの中でそれぞれのキーワードをより詳しく調べるように役割分担をすることで、個人に責任をもたせることができます。場合によっては、ジグソー法を使って交流することで、より深い知識を得ることができるでしょう。

Q

4　新聞の読み方

説明文を正確に読む学習のために、どのような新聞の読み方の指導が重要になりますか？

A　新聞には、書き方の型や記事の種類があります。新聞社や記者によるフィルターもかかっています。それを知ったうえで、読むことが重要になります。

①記事の種類や新聞の書き方の型を知る。

社説やコラムといった記事の種類、見出しやリード文、本文といった記事の書き方があることを示し、紙面の捉え方を学ばせましょう。

②記事＝事実ではなく、書いた記者によって捉え方が違うことを読み取らせる。

情報を得るために、新聞を読む場面を設定しましょう。そのとき、複数の新聞を用意し、同じ出来事でも新聞によって、見出しや写真、グラフが違うことなどを、実物を見て確かめさせましょう。

郵 便 は が き

料金受取人払郵便

本郷局
承認

2274

差出有効期間
2020年２月
29日まで

１ １ ３ ８ ７ ９ ０

東京都文京区本駒込5丁目
16番7号

東洋館出版社
営業部 読者カード係 行

ご芳名	
メール アドレス	@ ※弊社よりお得な新刊情報をお送りします。案内不要、既にメールアドレス登録済の方は右記にチェックして下さい。☐
年　齢	①10代 ②20代 ③30代 ④40代 ⑤50代 ⑥60代 ⑦70代～
性　別	男 ・ 女
勤務先	①幼稚園・保育所 ②小学校 ③中学校 ④高校 ⑤大学 ⑥教育委員会 ⑦その他（　　　）
役　職	①教諭 ②主任・主幹教諭 ③教頭・副校長 ④校長 ⑤指導主事 ⑥学生 ⑦大学職員 ⑧その他（　　　）
お買い求め書店	

■ご記入いただいた個人情報は、当社の出版・企画の参考及び新刊等のご案内のために活用させていただくものです。第三者には一切開示いたしません。

Q　ご購入いただいた書名をご記入ください

（書名）

Q　本書をご購入いただいた決め手は何ですか（1つ選択）

①勉強になる　②仕事に使える　③気楽に読める　④新聞・雑誌等の紹介
⑤価格が安い　⑥知人からの薦め　⑦内容が面白そう　⑧その他（　　　　　）

Q　本書へのご感想をお聞かせください（数字に○をつけてください）

4：たいへん良い　3：良い　2：あまり良くない　1：悪い

本書全体の印象	4―3―2―1	内容の程度/レベル	4―3―2―1
本書の内容の質	4―3―2―1	仕事への実用度	4―3―2―1
内容のわかりやすさ	4―3―2―1	本書の使い勝手	4―3―2―1
文章の読みやすさ	4―3―2―1	本書の装丁	4―3―2―1

Q　本書へのご意見・ご感想を具体的にご記入ください。

Q　電子書籍の教育書を購入したことがありますか?

Q　業務でスマートフォンを使用しますか?

Q　弊社へのご意見ご要望をご記入ください。

ご協力ありがとうございました。頂きましたご意見・ご感想などをSNS、広告、宣伝等に使用させて頂く事がありますが、その場合は必ず匿名とし、お名前等個人情報を公開いたしません。ご了承下さい。

❶ 記事の種類や、新聞の書き方の型を知る

社説やコラムといった記事の種類、見出しやリード文、本文といった記事の書き方があることを示し、紙面の捉え方を学ばせましょう。

最近は、インターネットでも新聞記事が読めるようになり、新聞をとらない家庭も増えました。しかし、記事が固定されるという点で、紙の新聞にも存在意義があります。ぜひ、実物を手にとらせる機会がほしいものです。時事を扱う単元で、取り上げてみてはどうでしょうか。

新聞記事は、「世の中に起きている事実を伝える」という前提で書かれています。その「世の中」をどう分類するかが「紙面構成」です。多くの場合、一面はその日のトップニュース、二面以降、「総合」、「経済」、「国際」、「金融情報」、「スポーツ」、「文化」、「生活」、「地域」、「社会」などで構成されています。殺人事件などが「三面記事」と呼ばれるのは、かつての新聞はページ数が少なく、今でいう「社会面」が三面にあったことからきています。

これらの記事に対して、各新聞社の意見・主張を書いたのが「社説」です。また、報道から一歩離れたところから、担当者が所感を短くまとめた「コラム」にも、各社の方針や考え方が色濃く表れます。朝日新聞の「天声人語」、毎日新聞の「余録」、読売新聞の「編集手帳」などがそれです。その時々の出来事を取り上げているため、帯単元として使うこともあります。

新聞記事の書き方は小学校でも学びますが、もう一度、確認するとよいでしょう。一番大きな字で上に書いてあるのが「大見出し」、以下小さいものを「小見出し」、記事のあらましを短く初めにまとめてあるのが「リード文」です。写真や図表には必ず注がついていて「キャプション」と呼びます。

平和実現「共通の責任」

オバマ氏広島訪問

ヒロシマ・ナガサキ 道義的な目覚め

演説17分、決意訴え

日本経済新聞▶

原爆の惨禍 米国の責任

にじむ配慮 謝罪避ける

オバマ演説を読み解く

◀産経新聞

核廃絶 17分の訴え

オバマ氏広島訪問

戦争の全犠牲者追悼

◀読売新聞

オバマ、米国大統領（当時）の広島訪問を報じる新聞各社
（2016（平成 28）年 5 月 28 日付）

②記事＝事実ではなく、書いた記者によって捉え方が違うことを読み取らせる

情報を得るために、新聞を読む場面を設定しましょう。そのとき、複数の新聞を用意し、同じ出来事でも新聞によって、見出しや写真、グラフが違うことなどを、実物を見て確かめさせましょう。

例えば、「戦争は、どうしたらなくなるのか」という単元を設定したとします。「碑」（広島テレビ放送／松山善三　東京書籍・一年）、「黒い雨」（井伏鱒二　学校図書・三年）を読ませ、かつて起きたことを知らせ、考えさせます。次に、現在起きていることとして、新聞記事を読ませる活動を設定します。

前ページは、同じ日（二〇一六年五月二八日）の、三つの新聞の第三面です。アメリカの大統領として初めて、オバマ氏が広島を訪れた日の記事です。並べると見えることがあります。見出しを「共通の責任」とするか、「米国の責任」とするか。演説が一七分だったことを見出しとするか、小見出しとするか。何を写した写真を使うか。地図は。いくつかの新聞を用意し、一紙ずつ模造紙に貼って、班ごとに割り当て、違いを記入させましょう。また、その違いを考えさせ、発表させましょう。

ここで重要なのは、どれが「正しいか」を話し合わせることではありません。事実は同じなのに、なぜこのような違いが起きるのか、を考えさせることです。そして、新聞は「事実」ではなく、新聞社や記者という「フィルター」を通して映し出されたものであることを知ることです。

このような「事実の捉え方」や「捉えたことの表現の違い」が生まれるのは、そこに「人」がいるからです。「人」が感情をもって、そこにいるからこそ、報道に違いが起こり、戦争が起きたり、防げたりする、ということに気付かせたいものです。

Q

5　話し合い活動を生かした指導の工夫

説明文・論説文の授業で、話し合い活動を通して読みを深めたいのですがどうしたらよいでしょうか？

A 話し合い活動を通して、何を目指すのかを明確にしましょう。

①話し合いの目的を明確にしましょう（要旨の把握、構造や内容の理解、文章の評価など）。

話し合いの結果、どんな決定や結論を生み出せばよいのかを明確にしましょう。筆者の主張は何か見つける。なぜこのデータが結論の理由になるのか最適な考え・解釈を見つける。どのような合意形成を図るための話し合いなのかが分かると、話し合いを通した読み深めにつながります。

②本文の読みを確かにするための話し合いを行わせましょう。

「説明文全体を図式化して示す」、「項目ごとにフリップを作成する」、「キーワードを挙げる」などで各自の読み取りを行い、それを基に話し合います。

③論理を批判的に読み、自分の考えを確かなものにするための話し合いを行わせましょう。

「三角ロジック」などを活用し、その内容は正しいか、妥当性があるか、自分は納得できるかできないか、などについて話し合います。

筆者の主張について、分からない部分があるよ。

似たような事実について書かれた本も読んでみようかな。

❶ 話し合いの目的を明確にしましょう

説明文・論説文を「読むこと」の学習で、話し合い活動を通して読み深めるとはどんなことでしょうか。教材の構造や内容を正確に理解するために「○○という結論は、どんな理由や根拠を挙げて説明していますか。話し合って、筆者の理由や根拠を確かめましょう」という話し合いの結果が想像できる発問・指示をしてみましょう。論理的な思考を働かせるために「○○という根拠は正しいかどうか、正しい理由や誤っている理由を話し合って、並べてみましょう。結果、妥当な根拠かどうか判定してみましょう」と指示すれば、何をどのように話し合って、どんな結論を導き出せばよいのか分かりやすくなります。

❷ 本文の読みを確かにするための話し合いを行わせましょう

自分たちが説明文をどのように読み取ったかを話し合います。本文の読みを確かにするための話し合いです。具体的には、次のような方法があります。

・説明文全体を図式化して示す（段落ごとの相関図、フィッシュボーン、バタフライマップなど）。
・「問い」、「仮説」、「調べて分かっていること」、「今後調べていくこと」など、項目を設定し、それに沿ってフリップを作成する。作成したフリップを見せ合い、比べて話し合う。
・「キーワード」、「キーセンテンス」を挙げて、文章の要点が捉えられているか話し合う。
・段落の「見出し」を考え、互いに比べる。

「月の起源を探る」(光村・三年)の場合

小見出し、本文、図表をそれぞれバラバラにカードで示し、班で話し合って順序と組み合わせを考えます。図表と文章の組み合わせを話し合うことで「内容理解」を促し、小見出しと本文の組み合わせを話し合うことで「要旨の把握」、「小見出しの効果」の理解が可能になります。また、段落ごとの順序を話し合わせることで、指示語や接続詞の役割に注目させます。

③論理を批判的に読み、自分の考えを確かなものにするための話し合いを行わせましょう

説明的文章は論理的な筋道で述べられていますが、その内容は、筆者の視点に基づいています。特に「論説文」は自らの意見を主張するための説明的文章です。その内容が正しいか、妥当性があるかを吟味、評価しながら読むことが求められます。

その際、三角ロジックの活用が有効です。三角ロジックとは、「主張(意見)」、「データ(根拠)」、「理由付け(どうしてそう考えたのか)」を用いて説得力のある文章にする方法で、多くの説明文・論説文の読みに活用できます。説明文・論説文の読解では、この「主張(意見)」、「データ(根拠)」、「理由付け(どうしてそう考えたのか)」がどのように述べられているかを読み取ることが肝要です。

同じ「データ(根拠)」でも「理由付け」によって「主張(意見)」が異なることがあります。

三角ロジックを用いて、同じ事実でも、理由付けによって意見が異なるという例として以下のようなものが挙げられます。

データ(根拠)…この島では、靴を履いている人がいない。

主張(意見)A…この島で、靴は売れない。　理由付け…この島では誰も靴を履かないから。

主張（意見）B…この島で靴は売れる。　　理由付け…チャンスだ。みんな買ってくれる。

【出典】唐津一『販売の科学―売りながら調べ調べながら売る』ＰＨＰ研究所、一九九三年

このように、同じ根拠としての事実でも、理由付けによって意見が異なることがあるため、読解の際はまず、述べられている「データ（根拠）」が、

1　自分の知っている事実と比べて問題点はないか。
2　他の専門家の文献資料と整合しているか。
3　大げさな表現になっていないか。
4　「事実」を述べた文の中に「主観」が混じっていないか。

などを検討します（例「日本人は電車で居眠りしている」→「それはどれくらいの割合なのか」「海外と比べて多いのかどうか」など）。

その上で、筆者の主張と理由付けに、納得できるか、できないかについて検討します。その際、「この理由付けは妥当なのか」、「偏った見方ではないか」、「この事実から導き出される他の可能性はないか」を検討する必要があります。

同じ題材について、異なる意見や立場から述べられた文章を比較できるとよいでしょう。文章を二つ比べて、どちらの論に納得できるか、できないかを話し合うことで、論理を批判的に読み、自分の考えをまとめることができます。

Q

6 メディア・リテラシー学習

説明文・論説文の読みにどのようにメディア・リテラシー学習の発想を生かせるでしょうか？どのように指導したらよいでしょうか？

A

メディア・リテラシー学習の基本は、情報を鵜呑みにしないことです。1つの情報でも様々な立場やものの見方を想定して、客観的に吟味・分析していくと、いろいろな発見があります。社会生活で役立つ批判的な読解力を育んでいきましょう。

①書き手や読み手の立場を想像して、分析させましょう。

書き手の立場から、文章の意図を分析し、要旨を捉えさせます。次に、読み手の様々な立場を想定し、多様な解釈の可能性を考えさせましょう。

②論証の根拠の妥当性を分析し、隠れている情報を想像させましょう。

根拠とされている事例やデータの妥当性を分析させましょう。複数の資料を活用して、編集で切り捨てられた情報がないか、違った論証の仕方や異なる結論の可能性はないか、考えさせましょう。

③メディアの特性を踏まえた制作活動から、情報の背景にある社会的な文脈を考えさせましょう。

社会生活の中ではメディアが情報を伝えてくれます。メディアの特性を活用した制作活動を通して、その情報の背景にある社会的文脈について考えさせていきましょう。

メディア・リテラシーのポイントは、情報を鵜呑みにしないことです。情報は、送り手の価値観を反映した一つの観点から切り取られたものに過ぎません。さらに、情報はメディアの特性や情報の受け手のニーズによって編集されます。ありのままの事実はありません。メディア・リテラシーについては、菅谷明子「情報社会を生きる―メディア・リテラシー」（三省堂・三年）を参照してください。

授業で扱う説明文も教科書というメディアが伝える一つの情報です。鵜呑みにせず、想像力と創造力を働かせる授業をデザインしてみましょう。

❶▼書き手や読み手の立場を想像して、分析させる

高槻成紀「生物が消えていく」（学校図書・一年）では、一九六〇年代から始まった治水工事で、かつては田んぼの用水路にいた多様な生物と共に、農村文化の営みも消えてしまったことが書かれています。最後に、「この土木工事はそのようなこと全てを無視したものでした。そのことの意味の深さを私達は考え続けなければなりません。」と書かれています。筆者の肩書きを見ると「保全生態学者」とあります。つまり、この説明文の主題は、野生動物の保護であることが分かります。

では、違う立場の書き手だったらどんな意見をもつのか、想像してみましょう。例えば、洪水による稲作の被害を知っている農家の方や市役所の防災管理担当の方だったら、どうでしょう。治水工事に対する評価は違ってくるでしょう。立場によって、様々な解釈が生まれます。

つまり、筆者の立場から、何に価値を見いだしているかを分析するのです。「水の生態系を救うこと」と「洪水の被害から人命を守ること」のどちらに重きを置いているかを考えるのです。この例は、香西秀信「『正しい』言葉は信じられるか」（東京書籍・二年）で扱われています。このように、筆者の

立場による書きぶりの違いや、異なる立場の読み手の多様な解釈の可能性を考えさせましょう。

❷▾論証の根拠の妥当性を分析し、隠れている情報を想像させる

安田喜憲「モアイは語る―地球の未来」（光村・二年）では、イースター島が森林破壊による土壌流出から食糧危機に陥り、文明が破壊されたことが書かれています。森林破壊の理由を、「まっすぐに成長するヤシの木は、モアイを運ぶためのころには最適だ。島の人々はヤシの木をころとして使い、完成したモアイを海岸まで運んだのであろう。」と述べています。科学的な根拠として、ヤシの花粉の化石の量から、ヤシの木が七世紀から急激に減少していることが挙げられています。しかし、これはモアイ像の運搬方法を裏付けるものではありません。最も肝心な運搬方法は「であろう」という推量で書かれているのです。

ここで、「モアイ」について調べてみましょう。「モアイはイースター島を歩いて移動していた」という情報が見つかるでしょう。モアイの石像の頭の部分にロープを巻いて両側から交互に引っ張り、よちよちと歩くように移動させるのです。この検証実験については、『ナショナル ジオグラフィック日本版』「モアイ巨像を運べ」（二〇一二年七月号）に掲載されています。そうするとこの説明文の論証は全く成立しないことになります。

では、どうすればよかったのでしょう。鷲谷いづみ「イースター島にはなぜ森林がないのか」（東京書籍・小六年）では、移住した人間が持ち込んだラットによる生態系への影響も挙げています。つまり、多様な観点からデータを組み合わせれば説得力が増すのです。このことを踏まえ、生徒自身に説明文のリライトに取り組ませるのもよいでしょう。メディア・リテラシー学習は、単なる粗探しで

終わってはいけません。学習者も情報の送り手として創造的な活動をすることで理解が深まります。

③▼メディアの特性を踏まえた制作活動から、情報の背景にある文脈を考えさせる

テレビ、新聞、インターネットなど、メディアはそれぞれの特性に応じて、情報の伝え方にきまりがあります。池上彰「メディアと上手に付き合うために」（光村・二年）では、ニュースを切り口にそれぞれのメディアの特性のメリットとデメリットがまとめられています。

そこで、前項で取り上げた二つの説明文を、新聞やテレビのニュースに作り替える授業を行ってみましょう。どのように伝えると説得力を増すのか、考えさせるのです。そして、ニュースに必ず、その情報の背景にある文脈を入れるように指示するのです。調べ学習によって、人為的自然破壊による文明の消滅が世界的な問題になっていることが分かるでしょう。そして、それが自分たちの日常にも影響していることに気付かせましょう。新たな知見を開き、深い考察を導く授業となっていきます。

Q

7　書画カメラなどの情報機器の活用・参加型板書の工夫

書画カメラなどの情報機器を学習活動に生かす方法を教えてください。

A

生徒が学習活動に積極的に参加する場面をつくり出すために、書画カメラなどの情報機器や参加型板書の工夫などが求められます。

〈参加型板書の工夫〉映像教材、視聴覚教材の活用ポイント

①生徒のノートを教室で共有する。

「交流」を意識して、「共有」させましょう。

②意見の交換を見える形で共有する。
タブレット端末を活用して、「つぶやき」から交流を生み出そう。

③板書は教師のためだけのものではない。
「参加型板書」で思考の過程を記録し、学びの振り返りにもつなげよう。

④学習の主体を取り戻す場面をつくる。

❶ 生徒のノートを教室で共有する

書画カメラを活用して、一人一人のノートを提示し合うことができます。教室にいる生徒たち一人一人の「学び」の息づかいを感じることができます。説明文や論説文の読み取りを図式化して、クラスの前で発表します。図式を書き留めたノートをそのまま書画カメラで映すことで、簡単にプレゼンテーションの資料になります。順序や論理的な組み立てを自分なりに工夫した図表に示しながら発表します。生徒は、読み取りや考えたことを言葉だけではうまく話せませんが、自分なりに工夫した図表を示しながら、もう少し分かりやすく話そうと意欲的になります。聞き手の生徒は、発表者と自分の違いはどこか、どうして異なるのかと考えやすくなります。それぞれが自分で工夫し作成したものをもっているからです。しかし、それを「交流」する場がないとなかなか意欲的にはなれません。こんな時に「書画カメラ」は機能を発揮します。教師が資料を見せ、学習内容への興味や関心を引き出し、意欲をもたせるだけの機器ではなくなります。

❷ 意見の交換を見える形で共有する

一人一人のタブレット端末の「もぞう」機能を活用して、学びの途中で生み出す「つぶやき」を電子黒板上に書き込み合いながら授業を展開する工夫ができます。教師の発問に対して、挙手して指名されて級友の前で発言するばかりでは、途中の気付きやつぶやきは無視されがちです。緊張してしっかりとした発言をする前に、気付きや思いをつぶやく場面ができます。生徒たちは普段、SNSをそれなりに使いこなしています。授業の中で、「つぶやき」をぶつけ合い、それを「深い学び」につなげていくことができれば、一石二鳥の学びが生まれる可能性があります。

【「つぶやき」の「交流」のイメージ】

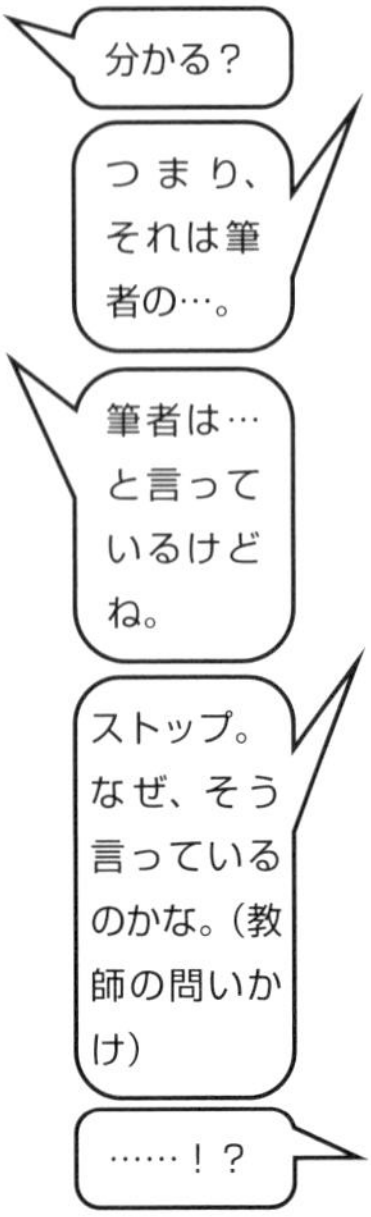
分かる？
つまり、それは筆者の…。
筆者は…と言っているけどね。
ストップ。なぜ、そう言っているのかな。（教師の問いかけ）
……！？

生徒は次々と「つぶやき」を書き込み、途中で教師は、ストップをかけます。つぶやきに対して内容の確認や論理的な関係を問いかけます。思考の見える化を図る「つぶやき」は、教師にとって論理的思考を引き出す場をつくり出しやすくします。

③ 板書は教師のためだけのものではない

「参加型板書」は、タブレットを活用した「つぶやき」とは異なり、一つの話題や題材をめぐって異なる立場や考えの表明などに役立ちます。そのように考える根拠や証拠を示しながら発言することにつながります。論理的な思考力を発揮する場が生まれます。

板書は、教師による板書が多くなりがちですが、生徒が黒板に書き足していく「参加型板書」にすることによって、「主体的な学び」を引き出すきっかけになります。疑問や問いかけ、それに対する追究や解決を生み出す「対話的な学び」にもつながります。結果として、板書は本時の学習活動全体を振り返り、同時に自身の学びを振り返る材料になります。

例えば、「モアイは語る」（光村・中二）の場合、筆者の考えに対する、共感する立場と、反論する立場とからそれぞれの根拠を板書させます。根拠と裏付けについてクラスの前で発表します。それぞれの立場の違いの根拠を発言して終わりではなく、異なる立場や他の根拠とも結び付けるなど考えが

参加型板書の例

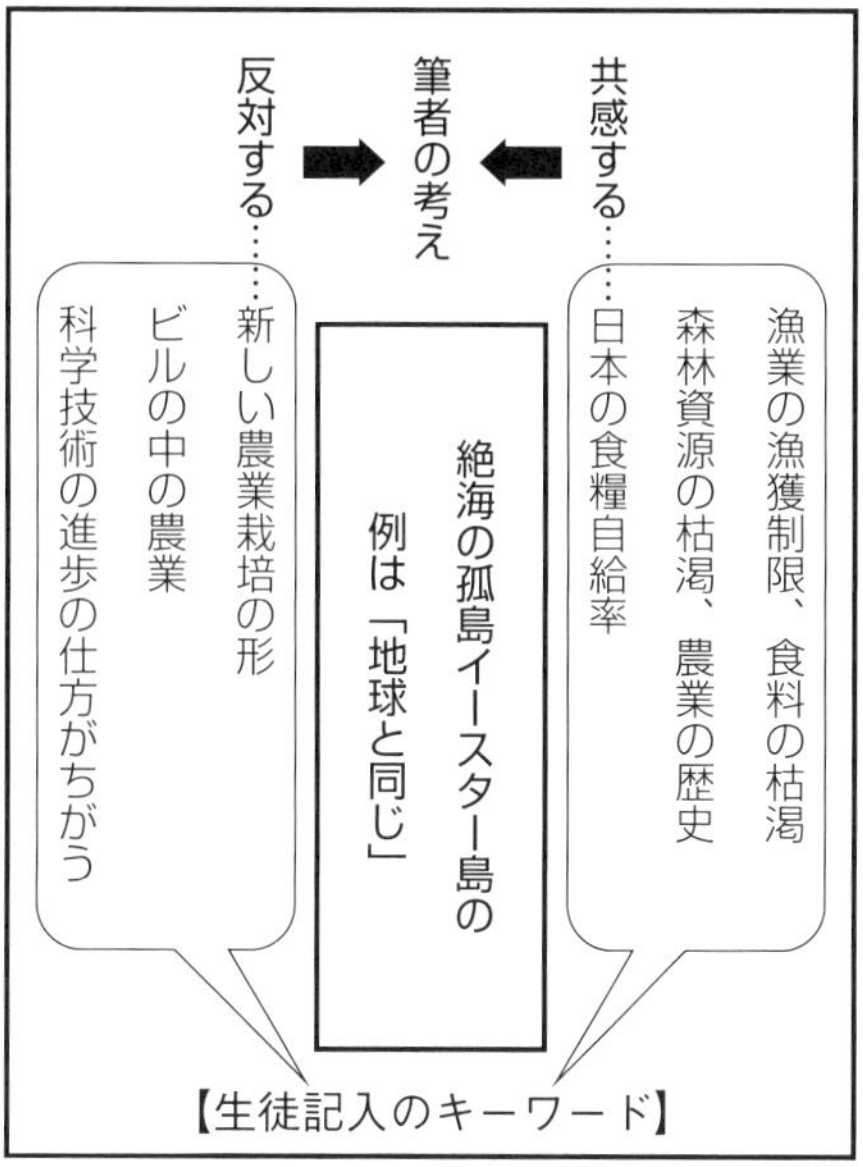

深まります。そして、何よりも聞き手が育ちます。自分の考えを根拠とそれを裏付ける情報や経験を基に表現していることを理解しようとすることで聞き手を育てることになります。

❹ 学習の主体を取り戻す場面を作る

教育機器の活用、板書などの工夫、ノートづくりの丁寧な指導などは生徒の「学び」を主体的かつ対話的なものにします。与えられた学習課題の答え探し、答え合わせに終わってしまう授業から、自分の考えを述べたりそれを深めたりする学びを体験する場を多く提供してくれる授業になります。情報機器を大いに活用した学習活動の工夫をしてみましょう。ノートや板書もまた生徒の「学び」をつくる考え方によって学習活動を変える道具になります。大いに活用すべきだと思います。

Q

1　難語句・漢字の指導、抽象的な語句

難しい語句の意味や読み方の指導はどのようにしたらよいでしょうか？

A

文章の読解を進める中で、皆で一緒に辞書を引き、辞書での意味と文脈上の意味とを確認する場を設けましょう。それにより内容の理解も深まります。

①まずは、文章の中でポイントとなる語句をあらかじめチェックしておきましょう。

まず教師が声に出して読み、生徒が読めないと思われる漢字をチェックします。また、ポイントとなる語句は、辞書で意味を調べておきます。生徒の立場で読んでみましょう。

②要約をしたり、内容を話し合ったりする場面で、立ち止まり、辞書を引いて確かめる時間をとりましょう。

抽象的な語句や難しい語句については全員で辞書を引く習慣をつけましょう。

辞書での意味を文章中に入れて考える、ということが生徒には難しいので、その活動を一緒にしましょう。

❶ まずは、文章の中でポイントとなる語句を教師があらかじめチェックする

授業を始める前に必ず全文を音読し、生徒の立場に立って読んだとき意味が分からないと思われる語や、文章の展開の中でポイントになる抽象的な語を、複数の辞書で引きましょう。

授業の準備をするときには、必ず音読をしましょう。音読することによって、生徒がどこでつまずくか、想像しやすくなります。音読みなのか、訓読みなのか、迷う語もあるでしょう。一度読むのにどのくらい時間が掛かるかも確かめられます。

授業の進め方にもよりますが、授業の初めに、文章の読み方を確認することが多いでしょう。国語嫌いの大きな要因の一つが漢字の読み書きです。説明文の内容を読むことが第一の目的なら、漢字でハードルを設ける必要はありません。ゆっくり範読して、ふりがなを振らせましょう。

自ら家庭学習ができる生徒なら、「分からない言葉は、意味調べをしておきましょう」で済むかもしれませんが、そうではない場合のほうが多いのではないでしょうか。市販の問題集に頼らず、その単元でポイントになる語、目の前の生徒にとってみたら難しい語、などをピックアップし、調べさせるプリントを用意しましょう。

❷ 要約をしたり、内容を話し合ったりする場面で、立ち止まり、辞書を引いて確かめる時間をとる

内容を読み取っていく際に、抽象的な語句や、難しい語句については、授業中に全員で辞書を引きます。生徒が辞書を持参していなければ、複数の辞書でその語を引き、コピーを並べたプリントを作っておきましょう。

例えば、「生物が消えていく」（学校図書・一年）という教材の要旨をまとめる活動をする中で、「営

み」という語が、この文章で重要な意味をもっていることに気付きます。

教材には「営み」が次のように登場してきます。

① 毎日の営みの中で米作りを中心に置きながらも、家畜を飼い、裏山から肥料となる枯れ葉を集め、時々ドジョウやフナを捕るなど、実にさまざまな営みの中で行われたものでした。

② 近所の人が助け合って田植えや稲刈りをするという社会の営みでもありました。

③ それは工場で米という名の製品を作るのとはほど遠い営みでした。

①から③の各文には都合四か所に「営み」という言葉が登場します。

この語は、簡単そうに見えながら、生徒にとってなじみのない、抽象的な概念です。そして、この語の意味が分からなければ、この文章は読み取れません。そこで、生徒に辞書を引かせます。生徒が各々辞書を持って来ていれば、複数の辞書で意味を調べることができます。

「営み」を引くと、「営むこと」と出てくるので、「営む」の意味を比べます。一冊の辞書では、選択の余地がありませんが、複数の辞書を並べてみると、共通点も見えてきて、意味をつかみやすくなります。

例えば、次の三つの辞書を比較したとき、どのようなことに気が付きますか。辞書Aと辞書Bの共通点は、「計画を立てて行動をすること」です。辞書Bと辞書Cを見ると「日びの」「生活のための仕事」ということが見えてきます。

このように確かめたうえで、もう一度、文章に戻ります。筆者は日本の農業が様々な「営み」の中で行われていた、と言います。家畜を飼うこと、枯れ葉を集めること、ドジョウやフナを採ること、田植え踊りをすること、近所の人が助け合うこと、などそれぞれが「計画を立てて行う」行動であり、それらが歯車のように噛み合って、「農業」という「営み」をつくっていたのです。つまり、筆者の使っている「営み」という語は、「日々の生活を成り立たせる、一つ一つの計画的な仕事」ということになります。これが文脈上の意味です。土木工事以後の仕事は、筆者にとっては「営み」と呼べるものではないのでしょう。「営み」と和語で表現したことからもそれが感じられます。

「営む」の意味

辞書A ①仕事としてそれを行う。②計画を立てて物事をする。

辞書B 予定を立てたり計画を練ったりなどして不都合が生じないように日びの行動を行う。

辞書C ①（古）忙しく動作する。努めてする。励む。②生活のための仕事をする。職業としてする。経営する。

分からない語句は、辞書で調べると意味が分かりますが、筆者がどのような意識でその語を使っているか、文脈上の意味は授業で確かめる必要があります。このようにして語の意味に近付く経験を教室で行うのです。

Q

2 要旨・要約、中心的な部分と付加的な部分

要旨・要約とは、どういうことで、どのように指導したらよいでしょうか？

A その文章を読む目的、意図によって、読み取る方法や内容は違ってきます。筆者の主張をまとめたのが要旨、文章全体をまとめるのが要約です。

①まず、その文章をなんのために読むのか、目的を明確にしましょう。

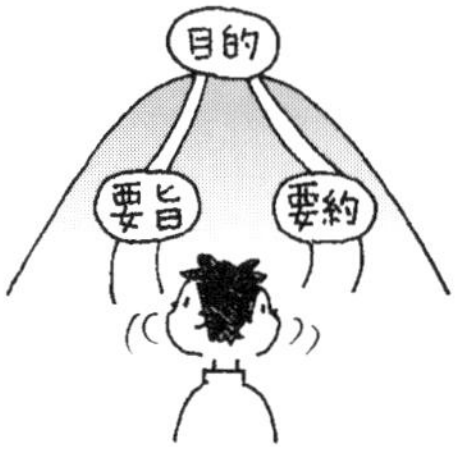

要旨をまとめたり要約したりするために読むのではありません。その文章を読む目的や意図をもたせましょう。

②筆者の主張は何か、その中心的な部分はどこか、付加的な部分はどこか、見極める方法を示し、一緒にやってみましょう。

筆者の主張を述べている段落と、具体例や関連する事例を紹介する段落とがあることに気付かせましょう。いきなり「要約しなさい」と言うのではなく、一緒に手順を踏んで確かめましょう。

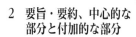

❶ まず、その文章をなんのために読むのか、目的を明確にする

「教科書に説明文があるから読む」のではなく、生徒の立場に立って「読む意味がある」から読む授業にしましょう。あらゆる教材は、ある「単元」の中に位置付けられます。その説明文を読むことは単元の中でどのような意味をもつのか、生徒と共有します。

例えば、「○○県の農業はどうあるべきか」という単元を設定したとします。どの地域でも農業従事者数は減少し、農産物も輸入に頼るものが増えています。生徒にも「身近な問題」として捉えてほしいことです。この単元では、地域に農家があれば、インタビューをすることもできます。県や市町村から農業に関するデータをもらい、考察したり意見を述べたりすることもできます。その導入として、一年生の説明文「生き物が消えていく」（学校図書）という教材を位置付けたとします。

導入も、いろいろな形が考えられます。例えば、「農業はどうあるべきか」の一つの意見として読むなら、この教材の「要旨」を捉えることになります。「農業と生き物にどんな関係があるのか」という問いから始めるなら、この教材の「要約」をすることになります。教師の意図は、「要旨」や「要約」の学習をさせることですが、生徒としては「農業のあるべき姿を知ろう」、「農業と生き物の関係を知ろう」という「目的」をもって読むことになります。何のためにその活動をしているかを、分かっていることが重要なのです。

❷ 筆者の主張は何か、その中心的な部分はどこか、付加的な部分はどこか、見極める方法を示し、一緒にやってみる。

まず、助詞の「は」に注目して、一つ一つの文を読み取ります。

「生物が消えていく」という教材文を例にとります。「筆者は農業のあるべき姿をどう述べていますか」と聞くと、ほとんどの生徒が四番目の段落に着目します。そこで、なぜそれが答えになるのか、それをどう整理したらよいのかを教室で一緒に考えましょう。

まず、④段落では、つまりここで筆者は何について述べようとしているのか考えます。それは「は」に注目すると分かります。「は」はその文のテーマ（中心となる話題・題材）を示す助詞（副助詞、古典文法でいえば係助詞）です。すると「日本の農業は」が見つかります。次の文には「は」の文節がないので、前の文のテーマが続いていると分かります。次の文には「田植えの時には」という文節がありますが、これは時を示しているので、テーマはやはり「日本の農業は」です。次の文にも「は」の文節はありません。最後の文の「それは」はここまでのことをまとめて指しています。つまり、この段落全体が「日本の農業」について述べられたものだということが、文の形から分かるのです。まとめるには、「日本の農業は」を主題にして、それぞれの文の述語を見ていきます。「日本の農業は、毎日のさまざまな営みの中で行われ、社会の営みでもあり、祈りや感謝の心に支えられたものだった。それは工場で製品を作るのとはほど遠い営みである」。これが「筆者の考える農業のあるべき姿」です。また、そこに込められた筆者の思いは、最後の段落にあります。指示語に「それ」が指す語を代入してみましょう。「日本の農業の営みを無視した、農業基盤整備事業による土木工事を行った意味の深さを私たちは考え続けなければならない」。これが、筆者の「思い」です。「言いたいこと」と「思い」を合わせたものが「主張」であり、「要旨」となります。

では、「要約」はどうでしょう。これも「は」に注目します。同じ教材文の前半部分を例にします。

ほとんどの文が「田んぼは」「用水路は」がテーマとなっています。「日本の農業」よりも、具体的な説明です。また③段落の最後に「これでは生きていける動物はいません」とあります。つまり、「どんな田んぼと用水路にならら動物が生きられるのか」が、具体的な事例として、ここで説明されていることが分かります。

① かつて**田んぼ**は用水路で水を引いていました。**その用水路は**田んぼとほぼ同じ高さにあり、微妙な高さの違いを利用して水の入り口と出口が造られていました。一つの田んぼから出た水が隣の田んぼに入る、という構造になっているものもありました。**そのような用水路は**地形に応じて曲がっており、深さも一定でないので、水の流れにも微妙に違いがあり、それに応じて違う植物が生えていました。**昔の子供が夢中で魚捕りをしたのは**、このような用水路でした。秋になって田んぼから水が抜かれても用水路には水が残っており、くぼみが「魚だまり」となって魚が生きていたのです。

② ところが、一九六〇年代から始まった農業基盤整備事業によって、自然の地形に応じて造られていた田んぼに大きな変化が生じました。かつて人力で営々と築かれてきた**田んぼは**、大規模な土木工事によって完全に造り変えられてしまったのです。田んぼの水が管理しやすいように、**用水路は**U字管というコンクリートの管にされました。断面の形がU字型なのでこう呼ばれます。**U字管の機能は**水田に水を運ぶことですから、それ以外のものは必要ありません。その結果、水を流す時は洪水のように大量の水が勢いよく流れます。

③ 魚が隠れる所もなければ、カエルが卵を産む所もありません。**用水路は**田んぼから効率的に排水するために、水田との高さの差が大きくなるように造られました。このため、水を抜くと**田んぼは**完全に干上がります。その結果、夏の「洪水」と冬の「砂漠」が繰り返されることになります。これでは生きていける動物はいません。

「生物が消えていく」高槻成紀　学校図書「中学国語1」

（ゴシック体の語が、その段落のテーマになっている。）

Q

3 筆者の考えに
対する自分の考え

説明文・論説文を読んで、書き手の考えに対して自分の考えをもたせるとはどういうことでしょうか？

A

説明文・論説文を読んで、情報内容や筆者の考えなどに対して、自分の考えをもつことは感想や意見など様々な内容を含みます。また、読みが深まるにつれて変化するものです。

①書き手が伝える情報や考えに対して、疑問や問いをもつ。

筆者の主張にあまり納得できないなあ。

根拠として挙がっている具体例が正しいか、調べてみたいね。

②疑問や問いを解決していく過程で、自分の考えを形成していく。

③自分の考えを交流を通して確認する。

④疑問や問いを解決したことでどのような自分の考えをもつことができたか、書くことを通してまとめる。

❶ 書き手が伝える情報や考えに対して、疑問や問いをもつ

平成二九年版の中学校学習指導要領の「読むこと」の指導事項は、次のような三段階の学習過程に対応しています。

構造と内容の把握（1年ア・イ、2年ア・イ、3年ア）
精査・解釈　　　（1年ウ・エ、2年ウ・エ、3年イ・ウ）
考えの形成、共有（1年オ、2年オ、3年エ）

「構造と内容の把握」の段階では、説明の順序や説得の論理の形式を捉えることや、文章の話題や題材としていることを捉えることを学びます。これは書かれていることがらを正確に読むことです。

次に、「精査・解釈」とは、筆者は何を根拠にこのような結論を導いたのか、どうしてこのような考えをもつことになったのか、という書き手への問いかけが生まれる段階です。読むこととはこうした段階を経て、自分の考えが形成され、豊かな思考力や判断力・表現力が育成される学習になります。

読むことの学習過程

構造と内容の把握
どんな話題・題材?
どんな説明の仕方?
どんな説得の仕方?…

↓

精査・解釈
どんな順序で?
何を根拠に?
見方・考え方の背景は?
…

↓

考えの形成
情報に対する疑問や感想
書き手の考えへの疑問や感想、共感や反論

❷ 疑問や問いを解決していく過程で、自分の考えを形成していく

読むということは、単に読み取ったことをまとめたり、言いかえたりするだけの作業ではありません。自身の言語生活を豊かにすることにその目的があります。新しい知識やものの見方や考え方とふれ合う喜びは、自分の世界を広げたり深めたりする自己実現そのものです。

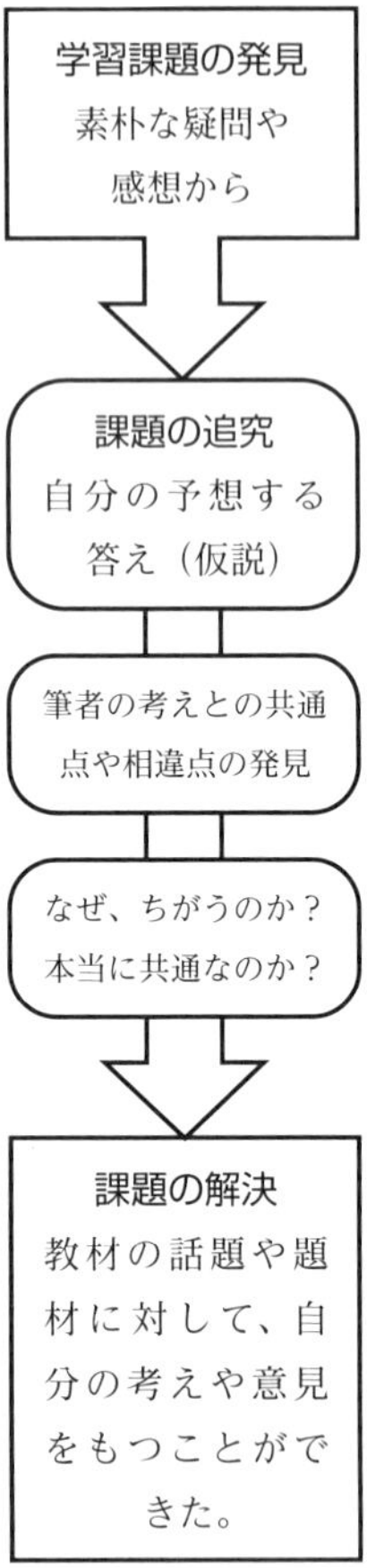

例えば、龍村仁「ガイアの知性」（教育出版・二年）という論説文があります。地球規模の自然や「知性」というものに対する筆者の考え方が述べられている文章です。一読後に次のような問いかけが生まれ、読み返す課題になります。

ア　人と鯨と象の「知性」を比べているが、どのようにちがうと述べているか？
イ　人の「知性」は偏っていて、鯨や象のそれとはちがうという考えの根拠は何か？
ウ　真の意味で「ガイアの知性」に深化してほしいと願う筆者の考えに対してどのように考えたらよいか？

これらの課題は、構成や内容を捉える読みを引き出し（ア）、その考えの根拠となる事実を解釈す

ることになります。その上で、筆者の考えに対する共感や疑問、反論などを述べることになります。

❸自分の考えを、交流を通して確認する

「考え」の形成は、どうしても一人一人の読み取りの内容、偏りなどによって多様になります。そこで、発表し合ったり、小グループで話し合ったりすることを通して、より確かな自分の「考え」を形成することが求められます。そこで、次のような教室のルールをつくって発表や話し合いを充実させていきましょう。

○ルール1　…　まず自分の考えを述べ、その根拠を話す。

○ルール2　…　前の発言者とのつながりを一言述べる。「○○さんの考えに付け足します。」「○○さんとは反対の立場で言います。」「○○さんとは違う観点から考えを言います。」など、話し合いをつなげる一言をそえます。

○ルール3　…　一人一人の発言を聞きながら、共感したり疑問に思ったりしたことをメモしておくこと。全て書き取らなくても単語程度のメモをして、あとから書き足せるようにしておきます。

❹疑問や問いを解決したことでどのような自分の考えをもつことができたか、書くことを通してまとめる

「ガイアの知性」を読んで、様々な感想が生まれるでしょう。筆者の主張に賛同したり反論したりするような「考え」もあります。そうした「考え」の根拠として自分自身の知っている知識や体験を根拠に自分の「考え」が述べられるようになることを目指しましょう。

Q

4 文章の構成や論理の展開

文章の構成や論理の展開とは、どういうことで、どのように指導したらよいでしょうか？

A 筆者は、読者を説得するために効果的な説明の方法を工夫しています。それが、文章構成や論理の展開です。筆者の主張を読み取る過程で指導しましょう。

①まず、その文章をなんのために読むのか、目的を明確にしましょう。

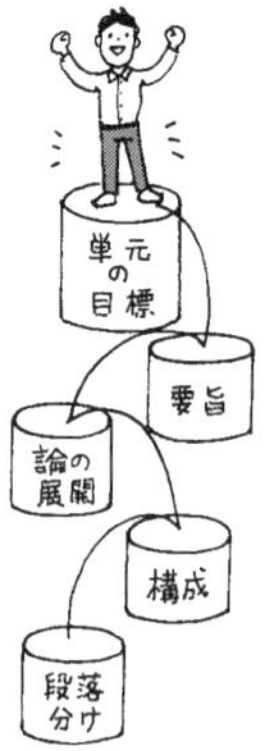

意味段落に分けたり、構成を考えたりするために読むのではありません。その文章を読む目的や意図をもたせましょう。

②筆者の主張は何か、そのためにどのような工夫をしているのか、段落相互の関係を押さえながら、捉えさせましょう。

説明文も論説文も、筆者が読者に伝えたいことがあって書かれています。それが何なのか、まず押さえさせましょう。そして、それを読者に納得させるために、どんな工夫をしているか、読み取らせましょう。

❶まず、その文章をなんのために読むのか、目的を明確にする

「教科書に説明文があるから読む」のではなく、生徒の立場に立って「読む意味がある」から読む授業にしましょう。あらゆる教材は、ある「単元」の中に位置付けられます。その説明文を読むことは単元の中でどのような意味をもつのか、生徒と共有しましょう。

❷筆者の主張は何か、そのためにどのような工夫をしているのか、段落相互の関係を押さえながら、捉えさせる

実際には「序論・本論・結論」などと整った文章は、ほとんどありません。それぞれの段落がどのような働きをしているか、判断できるようにしましょう。

「生物が消えていく」という教材を例にとります。わずか五つの段落で構成された文章ですが、「序論・本論・結論」とはなっていません。ところが、この文章の構成はどうなっていますか、と生徒に聞くと、たいてい「序論…」と答えます。また、「田んぼや用水路の話は、この文章でどんな役割をしていますか」と聞くと、たいてい「具体例」と答えます。そのように刷り込まれているからです。また、どのような段落かと尋ねると、「田んぼの例」というような、内容の要点と、段落の役割を区別せずに答えることもよくあります。

この教材では、筆者が日本の農業について述べている段落は、④段落です。内容に沿って小見出しをつけるならば、「日本の農業のかつての姿」とでもなりましょう。そして段落の役割は、「筆者の考え」、「筆者の主張」です。⑤段落の小見出しは「土木工事の意味」とでもなり、段落の役割は「筆者の思い」、「読者への呼びかけ」となります。そう考えたときに、①～③段落の役割は何でしょうか。これは、主張

のための「具体例」ではありません。筆者が現実から取り上げた「事実」です。つまり、筆者がこの事実を取り上げ、それに対する主張を述べている文章なのです。

では、典型的な文章はどのようなものでしょうか。これはあまり見つからないので、「生物が消えていく」を基に作文しました。

① 一九六〇年代、日本の高度経済成長期には、農業も生産力や生産性を向上させるために、さまざまな取り組みがなされました。それによって農業が効率化したことは言うまでもありません。しかし、変化はそれだけだったでしょうか。
② 例えば、農業基盤整備事業の工事によって、用水路の溝はU字管というコンクリートの管になりました。効率的に排水するために田んぼとの高さの差を大きくしました。用水路の水は勢いよく流れ込み、また排水されます。その結果、かつての用水路にすんでいたカエルや魚は、すっかり姿を消しました。そして、そのカエルや魚を餌にしていた鳥もいなくなりました。
③ 整備された田んぼでは機械化が進み、少ない人手で田植えや稲刈りができるようになりました。隣近所と日にちを合わせて共同で作業を行う必要もなくなり、そこで行われた田植えの踊りやごちそうの振る舞いもなくなりました。
④ 日本の農業は稲作が中心ですが、それは、米を生産するだけの営みではありませんでした。田んぼは生態系を支える場であり、近所の人々の共同作業は、村をつなげる社会の営みでした。そして、土地を守り、収穫物に感謝をささげるという文化をはぐくんできました。
⑤ 農業を効率化する取り組みは、生産力や生産性を向上させてきましたが、農業が担っていた多くの役割を失わせることになりました。これらの役割はなくなってもよいものなのでしょうか。私たちは、効率化以外のことも、考えなくてはならないと思います。

「生物が消えていく」高槻成紀を基に作文した。

段落の役割でいうと、①段落が「問題提起」、②③段落が「具体例」、④段落が「具体例から言えること」、

⑤段落が「筆者の主張」となります。具体例とそこから言えること（理由付け）とを合わせて「根拠」と言うこともあります。

このような「段落の役割」を明確にすることは、筆者の主張が正しいかどうかを判断するときに必要になります。まず、筆者の主張の信用性について、その根拠に正当性があるかどうかを確認する必要があります。根拠も、具体例と具体例から言えることに分け、まず具体例が事実かどうかを確かめ、事実ならば、そこから本当にそのようなことが言えるのかを検討する必要があります。そのために、段落の役割を明確にし、文章の構成を読み取るのです。

付け加えると、前ページの作文と、基になった「生物が消えていく」を比較してみてください。作文の方が形は整ってはいますが、もとの文章の方が「事実」が詳細に強調されていることが分かります。そして「営み」という語や「夢中で魚採りをした」などの表現から、農業に対する筆者の思いが読み取れます。説明文だからと言って、構成だけが大事なのではありません。表現から筆者の思いを読み取ることは、文学的文章と同じです。

説明文や論説文は、筆者が自分の主張を述べ、読者を説得するために書かれた文章です。効果的に説得するために、筆者は論の展開を工夫します。根拠を強くするため、具体例を挙げます。それを知ったうえで、読者は、共感をもって読むことも、客観的に、批判的に読むこともできます。教室では、そのどちらの読み方も経験させたいものです。

Q

5 表現の工夫に対する自分の考え

説明文・論説文を読んで、文章の構成や表現の仕方に対する自分の考えをもつとはどういうことでしょうか？

A 書き手の意図やねらいを読みとるとともに、文章の構成や表現の工夫を検討して、自分の表現に生かしていくことです。

説明文・論説文を読んで「自分の考えをもつ」とは、文章構成の工夫や表現の仕方を批判的に捉え、評価したり自分の表現に生かしたりすることです。

①書き手が伝えている情報や考えはどのような意図やねらいをもったものかを読み取りましょう。

②分かりやすさや説得力はどのような構成や表現の仕方にあらわれているかを考えてみましょう。

③書き手の表現の工夫には、どのような効果や説得力があるか、批評してみましょう。

【ポイント】「タイトル」「書き出し」「書き結び」
「事例の取り上げ方」「語句の選び方」

「書き手」の立場に立って、同じ内容を自分が伝えるとすればどうするだろうかと考えたうえで、教材文の表現の仕方と比較してみましょう。

「読む」ことの学習においては、「文章についての印象をもつ」ことにとどまらず、「構成や展開、表現の仕方を分析的に捉え、その工夫や効果について自分の考えをもつ」ことに指導の重点を置くことが求められています。「構成や展開」と併記されているのは、文章の構成を静的に捉えるのではなく、思考の流れに沿って動的に捉え、その展開を把握することに重点を置きたいからです。「表現の仕方」とは、説明的文章では、「中心的な部分と付加的な部分との関係」や「事実と意見との関係」などを吟味しながら、「書き手の目的や意図」について考えることを想定しています。書き手の工夫が見られる表現、書き直した方がよいと思われる表現について、根拠を具体的に挙げながら検討していくのです。

❶▾書き手が伝えている情報や考えはどのような意図やねらいをもったものかを読み取る

書かれている情報を取り出して鵜呑みにするのではなく、書き手は、どういう意図やねらいをもって、この文章を書いているのかを考えるようにしましょう。書き手は、自分の考えを効果的に伝えるために、都合の悪い情報を除いてしまったり、虚偽の情報を加えたりしているかもしれません。書き手はどういう問題意識をもって、読み手に何を伝えようとしているのかを考えながら、情報の一つ一つの確かさを判断し、事実と意見の関係を吟味することが大切です。書き手が問いかける問題に自分ならばどう答えるであろうかと自問自答しながら、いろいろな文章を読み比べてみるとよいでしょう。

❷▾分かりやすさや説得力はどのような構成や表現の仕方にあらわれているかを考える

「タイトル」、「書き出し」、「書き結び」の表現や、「事例の取り上げ方」、「語句の選び方」に注目しましょう。

説明文・論説文の「タイトル」は、学術性や実用性を重んじるならば、原則的には「本文の中心的内容の要約」となるように表すべきものです。しかし、読み手の関心を引くために、「ちょっと立ち止まって」（光村・一年）、「「文殊の知恵」の時代」（三省堂・三年）のように、省略法を用いたり、象徴的な表現を用いたりする例も少なくありません。このようなタイトルの働きや効果について考えさせるには、タイトルを伏せたまま本文を読み、自分ならばどのようなタイトルを付けるかを考え、それぞれの案について検討し合い、さらに教材のタイトルと比較するという指導を取り入れると効果的です。

「書き出し」はどうなっているでしょうか。結論や主張を先に書く場合（頭括型・双括型）、具体的なエピソードから始める場合（尾括型）、問いかけから始める場合（問題提起型）など、相手や目的によって、どの構成が適切かを考えて書かれているはずです。書き手は、読み手に関心をもってもらい、自分の主張を理解してもらうために、どのような工夫をしているでしょうか。

「書き結び」にもいろいろなタイプがあります。それまでの内容をまとめる「要旨型」、自分の主張を述べる「表明型」、書き手の心情を開示する「心理型」、結論に結び付く内容を間接的に提示する「間接型」、文章の終わりをあえて書かない「省略型」、結論のあとに、さらに別の内容を付け加える「付加型」などが挙げられます。それぞれの結び方に、プラスの効果とマイナスの効果とがありますから、「共感できるか否か」という読後の印象に立ち返って、その理由を検討するようにしたいものです。

「事例の取り上げ方」や「語句の選び方」はどうでしょうか。書き手は、自分の考えを分かりやすく伝えるために、どのような事例を選び、どのような順序で配列しているのでしょうか。主張と事例とがどのように関係付けられているか、図表や写真と本文との関係はどうかなどについて、気付いたことを出し合うことで、多様な受けとめ方を発見することができるでしょう。

教材文の「書き出し」と「書き結び」だけを読んで、全体の論旨をざっと理解した後、自分ならばどのような事例を挙げて同様の主張をするかと考えさせる指導も効果的です。例えば、「ちょっと立ち止まって」（光村・一年）の場合、原典である『だまし絵百科』（桑原茂夫・筑摩書房）に載せられている別の事例（斜め下から見ると見えてくる小猫の絵など）も提示して、自分ならどの事例を選ぶか、どの順序に配列するかと考えさせるのです。そうすれば、全体の論旨をつかんだうえで、結論の表現を手掛かりに事例と意見の対応関係を確かめる学習に導くことができます。事例の配置の在り方についても、自分の考えと比較することで、書き手の意図がつかめるようになるでしょう。

③ 書き手の表現の工夫には、どのような効果や説得力があるか、批評する

説明文や論説文を読んで、主観的な意見や感想を述べるだけでなく、客観的、分析的に読み深めることのできる力が求められています。文体の選び方、語句の定義や使い方、事例の取り上げ方や出来事の描写の仕方など、納得させられた箇所を中心に、その効果はどこから生まれてくるのかについて考えるようにしましょう。この力を高めるためにも、論旨をつかさどる語句を、別の語句と置き換えて比較してみるという学習を取り入れるとよいでしょう。さらに、同じ書き手による複数の評論文や、別の書き手による類似したテーマの評論文を読み比べる学習にも取り組みたいものです。

Q

6 図表やデータ

図表やデータを読むこととは、どういうことで、どのように指導したらよいでしょうか？

A

図表やデータは「事実」そのものではなく、筆者の主張したいことを「表現」したものです。そこにこめられた意図やねらいに気付くことが「読む」ことです。

①実際の図表やデータを見て、比較してみましょう。

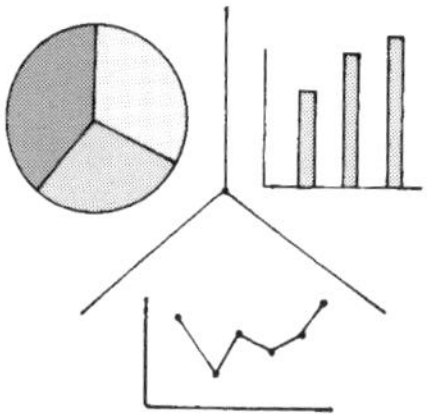

図表をそれだけで見ていると、事実のように見えてしまいます。同じデータを表した複数の図表を比べてみましょう。事実のどこを切り取ったのか、よく分かります。

②その図表やデータが、文章のどこと結び付いているか、明確にしましょう。

図表やデータは、文章の段落でいえば具体例や根拠にあたります。それらが文章のどこと結び付いているのか明らかにし、筆者が載せた意図を読み取ります。

❶ 実際の図表やデータを見て、比較する

次頁の二つの新聞記事にある、グラフを見比べてください。二つとも同じ厚生労働省の発表を受けて、作られたものです。厚生労働省の「別添概況」には、出生数や死亡数、年齢ごとの出生率などの数値が表として載せられています。その朝日新聞のグラフは合計特殊出生率と出生数、死亡数が対等に見られる折れ線グラフになっています。左目盛（出生数・死亡数）と右目盛（合計特殊出生率）の取り方によって、死亡数が合計特殊出生率に追いつこうとしているように見えます。

一方、毎日新聞のグラフは出生数が棒グラフ、合計特殊出生率が折れ線グラフになっていて、出生数は減る傾向にあるが、合計特殊出生率は増えている、ということが目立ちます。同じデータを基にしながら、これだけ違うグラフができるのです。

❷ その図表やデータが、文章のどこと結び付いているか、明確にする

では、記事を比較しましょう。朝日新聞の見出しは「人口減少幅は過去最大　15年、出生率は2年ぶり増」となっていて、人口減少幅が過去最大になったことが強調されています。一方、毎日新聞の見出しは「出生率：微増、1・46に　15年生まれ100万人台維持」となっていて、少しだけれど「増えた」ことが強調されています。つまり、これが記者の述べたいことで、それを裏付けるためにそれぞれが都合のよいグラフを作ったということが分かります。

記事からもそれが読み取れます。それぞれの段落の最後の言葉を比べてみましょう。どこと結び付いているかは一目瞭然です。

人口減少幅は過去最大　15年、出生率は2年ぶり増

朝日新聞デジタル　2016年5月24日05時14分

2015年の合計特殊出生率は1.46で、前年を0.04ポイント上回った。厚生労働省が23日に発表した人口動態統計でわかった。人口を維持するのに必要とされる2.07にはほど遠く、今後も人口減は続く見通しだ。

合計特殊出生率は1人の女性が生涯に産むと見込まれる子どもの数。その年の15～49歳の女性が産んだ子どもの数を元に計算される。05年の1.26を底に回復傾向にあるが、14年は9年ぶりに下落。15年は上昇に転じたものの、依然として低い水準にある。

15年に生まれた子どもは100万5656人で、5年ぶりに増加。厚労省の担当者は「13～14年は経済状況が好転し、先行きが明るいと思った若い世代が新しい家族を望んだのではないか」とみている。ただ、過去最少だった14年から2117人の増加にとどまり、過去2番目に少ない。【伊藤舞虹】

合計特殊出生率と出生数、死亡数の推移

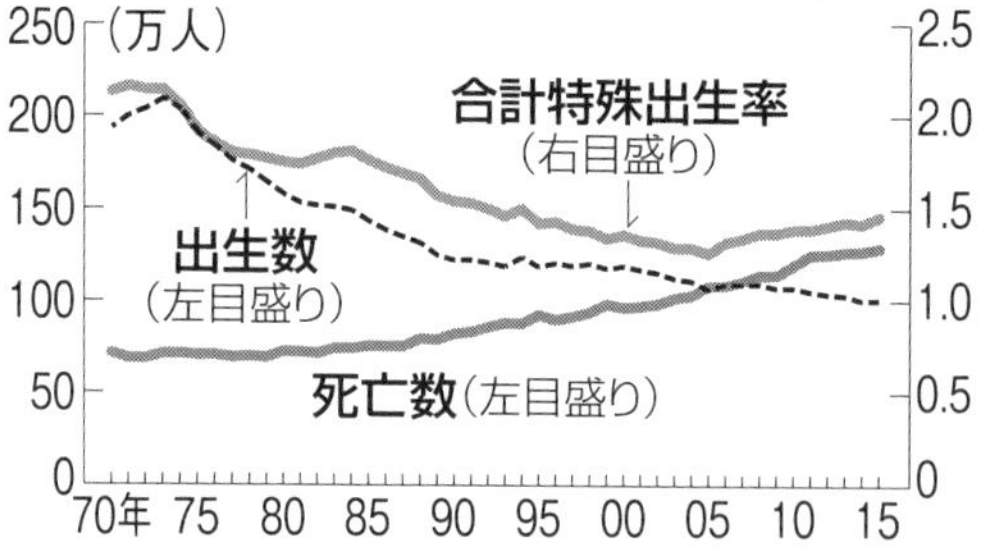

朝日新聞社提供

朝日新聞デジタルの記事

出生率：微増、1.46に　15年生まれ100万人台維持

毎日新聞2016年5月23日 18時13分（最終更新 5月24日 01時25分）

厚生労働省は23日、2015年の合計特殊出生率（1人の女性が一生に産む子どもの数に相当）が1.46となり、前年より0.04ポイント上がったと発表した。上昇は2年ぶり。05年に過去最低の1.26を記録後、緩やかな上昇傾向にあり、21年前の水準（1994年に1.50）まで回復した。出生数も前年より2117人増の100万5656人となった。厚労省は、近年の景気回復などを背景に、25～29歳の女性の出生率が5年ぶりに上昇したことや、晩婚化の進行が緩やかになりつつあることなどを要因に挙げている。

出生数と合計特殊出生率の推移

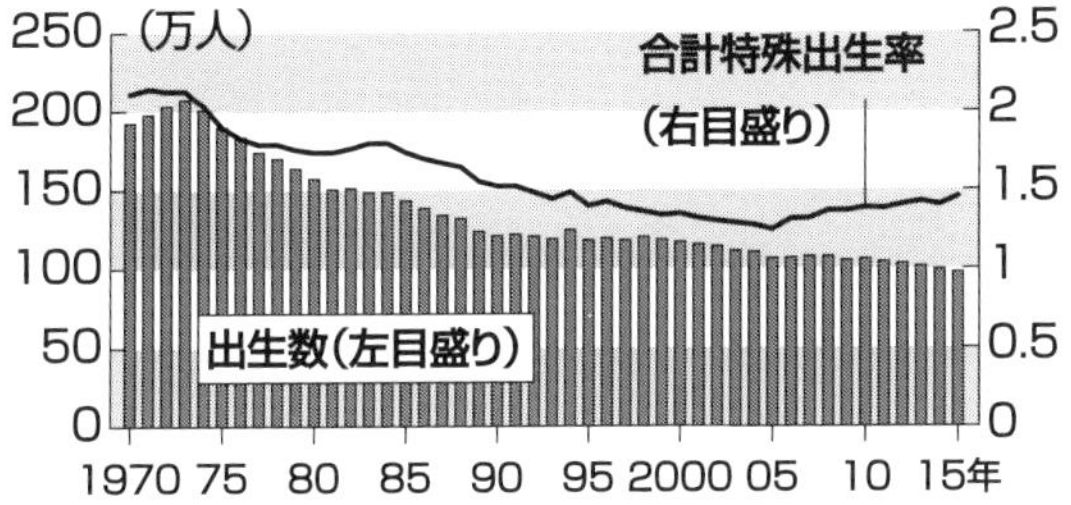

毎日新聞社提供

デジタル毎日の記事

厚生労働省のプレス発表（平成28年5月23日）
平成27年人口動態統計月報年計（概数）の結果
【調査結果のポイント】
・出生数は、1005650人で増加（対前年2117人増加）
・合計特殊出生率は、1.46で上昇（同0.04ポイント上昇）
・死亡数は、1290428人で戦後最多（同17424人増加）
・自然増減数は、△284772人で過去最大の減少幅（同15307人減少）

（以下略）

詳細は、別添概況をご参照ください。

厚生労働省の発表

Q

7　論説や報道を比較した読み方

論説や報道を比較読みする授業はどのようにすればよいでしょうか？

A

比較することでどんな読みが深まるかを明確にすることが重要です。共通点や違いの発見で、もとになる説明や評論の何がより理解できることにつながるかを考えて授業づくりをすることが必要になります。

①情報の比較は、ものの見方や考え方の違いを明らかにする。

それぞれの文章の信頼性や客観性を吟味したり検討したりするのが、比較読みの授業です。

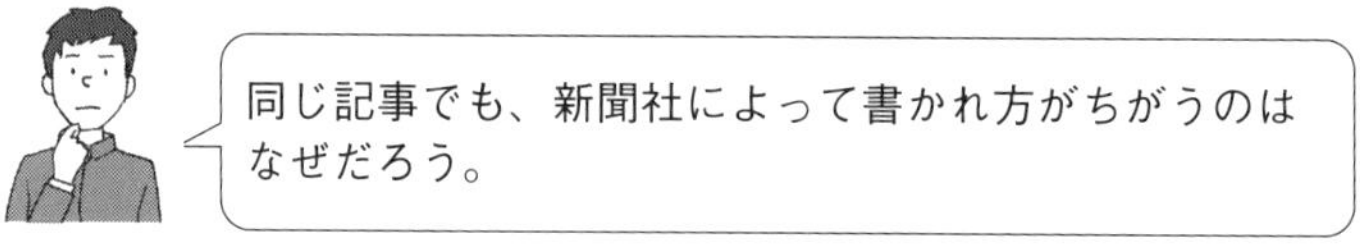
同じ記事でも、新聞社によって書かれ方がちがうのはなぜだろう。

②文章構成や表現の仕方の工夫の比較は、書き手のねらいや意図の違いを明らかにする。

文章には、書き手のねらいや意図が必ず表れています。文章構成については、構成が読み手にとって分かりやすいものであるか、表現の仕方の工夫については、表現が書き手の考えを伝えるうえでどのような効果をあげているかを、根拠に基づいて考える必要があります。

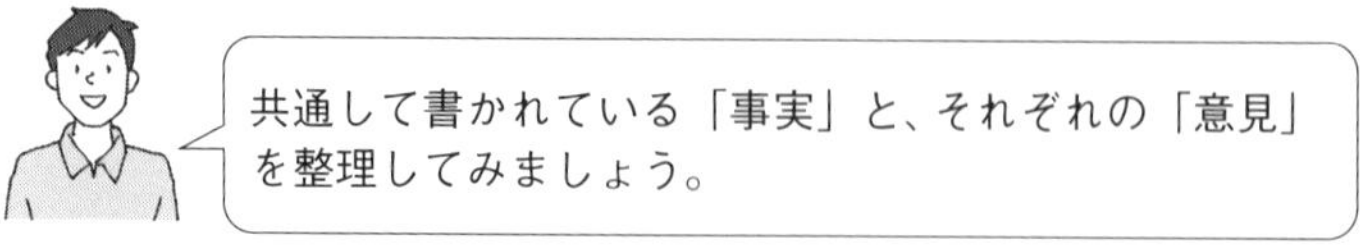
共通して書かれている「事実」と、それぞれの「意見」を整理してみましょう。

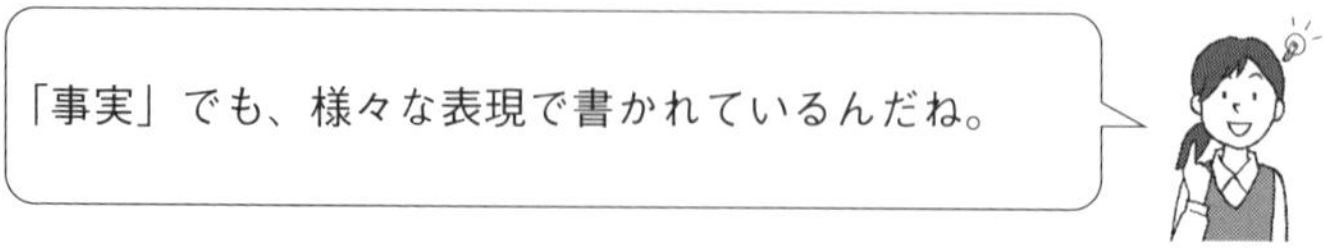
「事実」でも、様々な表現で書かれているんだね。

③筆者の発想の比較は、多面的なものの見方や考え方に気付き、自分の考えを深めることになる。

「筆者の動機をつかむ」「文章の強調点をつかむ」「筆者の独自な視点･捉え方をつかむ」「筆者が工夫している表現上の仕掛けを読み取る」など、比較の観点をはっきりさせて、比較読みをすることが大切です。

❶ 情報の比較は、ものの見方や考え方の違いを明らかにする

学習指導要領の〔思考力、判断力、表現力等〕C読むこと(1)イには、「文章を批判的に読みながら、文章に表れているものの見方や考え方について考えること」とあります。

「文章を批判的に読む」とは、文章に書かれていることをそのまま受け入れるのではなく、客観的に検討しながら読むことです。説明的文章では、「筆者の主張と根拠との関係は適切か」「根拠は確かなものであるか」など、述べられている内容の信頼性や客観性を検討しながら読む姿勢が求められます。そのうえで、「文章に表れているものの見方や考え方」について、自分の知識や経験などと照らし合わせて納得できるか、あるいは共感できるかなどを考えることが必要だということです。

❷ 文章構成や表現の仕方の工夫の比較は、書き手の意図やねらいの違いを明らかにする。

1 全ての文章には、書き手の意図やねらいがある

説明的文章では、「事実」と「意見」を区別することが重要です。学習指導要領にも、「事実と意見との関係などに注意し」といった記述があります。しかし、「事実の伝え方」には「幅」があります。例えば、「A君がB君をひどく殴った」は「事実」の文に分類されるでしょう。しかし、これが「A君がB君を強く叩いた」だと受ける印象は変わるのではないでしょうか。もちろん説明的文章でも、筆者が自分の主張を強調するために、「事実」の伝え方に「幅」をもたせることもありますが、論説や報道はその「幅」が広いので、より注意が必要です。

池上彰「メディアと上手に付き合うために」（光村・二年）という文章では、テレビ・新聞・インターネットの比較を通じてメディア社会を上手に生きるための筆者の考えが述べられていますが、論

説や報道を読み解くための入り口として、有効な教材でしょう。

報道の比較は教科書各社で取り上げています。例えば、「新聞の社説を比較して読もう」（光村・三年）では、和食が無形文化遺産に登録されることになったことについて論じた社説を比較しています。また、「情報を編集するしかけ―メディアにひそむ意図―」（教育出版・三年）では、皆既日食について報じた新聞記事とテレビの報道とが比較されています。さらに、書き手あるいは作り手となって、新聞記事の構成を考えたり、テレビニュースの作成を試みたりしたうえで、「自分が選んだ情報と構成を振り返ろう」という学習活動を提案しています。日蝕に関する記事の比較ですが、「比較」という観点からは、同じ論題、事象でも記者の立場や新聞の特性で異なる切り口があることを比べることができます。それから、文面をよく読むと、どれくらいの地域の記者同士の情報を連携して載せているのか、日蝕が見えなかった場合などに備え、どんなインタビューをしていたのかという、地方再生的な結論になっている記事などもあります。ここから、編集の意図を読み取ることも可能でしょう。

2　題材選びに注意する

特に報道に関しては、使える題材に制限が多いので、ジャンルが偏りがちです。教科書や副教材に載せられているものを見ても、気象やスポーツに関するものがほとんどです。また、ニュースの「賞味期限」にも注意が必要です。過去の実践例を検索すると、優れた実践例で今でも使えるものもあるので、それらを活用するといいかもしれません。

③ 筆者の発想の比較は、多面的なものの見方や考え方に気付き、自分の考えを深めることになる

1　「筆者の発想」とは

説明的文章は、文学的文章とは違って「筆者の発想」を読者に直接に伝える書き方で書かれています。筆者が「私はこういうことを読者に伝えたい」「私のこんな知識・体験を伝えたい」「私のこんな主張を知ってほしい」、そして「読者が考えを深めてほしい」という、読者への願いが込められています。

2 「筆者の発想」を読み取るポイント

・筆者の動機をつかむ

動機とは、筆者がどんな思いからこの文章を書いたかということです。何を伝えたいかという筆者の動機（思い）をつかむことが大切です。

・文章の強調点をつかむ

説明的文章は、筆者の観点から、読者に伝えたいことがあって書いています。伝えたかった結論とは何かをつかむことも大切です。

・筆者の独自な視点・捉え方をつかむ

筆者が理由を裏付ける根拠として、何を選択し、どう組み立て、どう論証しているかを読み取ります。そこから、筆者の独自な視点や捉え方を見つけます。

・筆者が工夫している表現上の仕掛けを読み取る

読者を説得し、納得させるための記述の特徴をつかみます。そして、その表現がどのような効果を発揮しているかを読み取ります。

こういった観点から「筆者の発想」を読み比べることで、読み手は多面的なものの見方や考え方に気付き、自分の考えを深めることができるのです。

Q

1 一人一人の学び

一人一人の学習課題をどのように評価したらよいでしょうか？

A

学び合いを大切にする授業づくりを心がけ、情報の取り出しや論理の組み立て、書き手の見方・考え方の読み取りばかりでなく、自分の考えの構築にも小グループの話し合いなどを活用してみるとよいでしょう。

①授業の終わりは、到達度や達成度の評価ばかりではない。

②学習者一人一人の中に生まれる「学び」を大切にする。

③教室の学び合いを通して、自分の「学び」を自覚し振り返る「学習のまとめ・学習感想」を書かせる。

④ノート指導と「学習のまとめ・学習感想」の指導を関連させる。

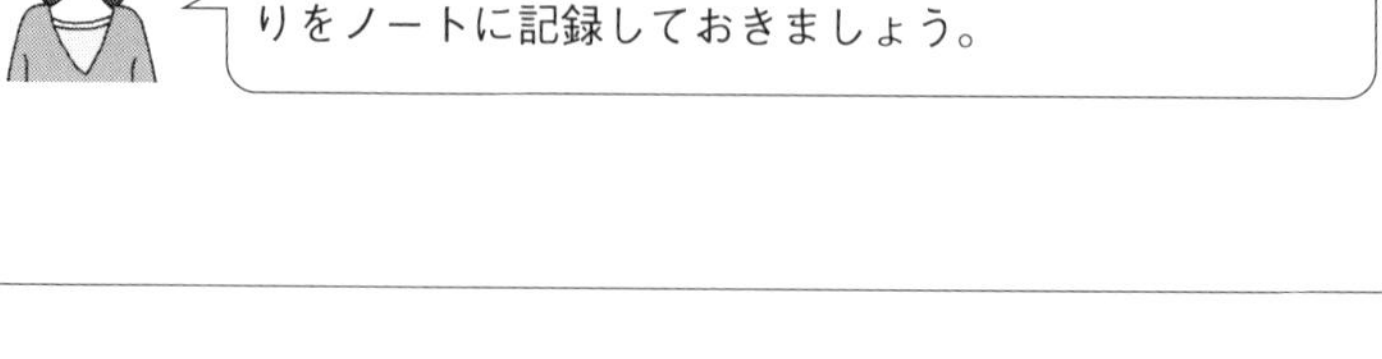
今日の授業の学習課題と、それに対する学習の振り返りをノートに記録しておきましょう。

❶ 授業の終わりは、到達度や達成度の評価ばかりではない

評価というと、ついつい到達度や達成度をはかるために「理解できたか否か」「暗記できたか否か」ばかりになりがちです。そこで、さらに学習活動を通して、学習内容についてどのような疑問や問いかけ、課題が生まれたかを評価してみましょう。「一人一人の学び」の姿を見ることができます。

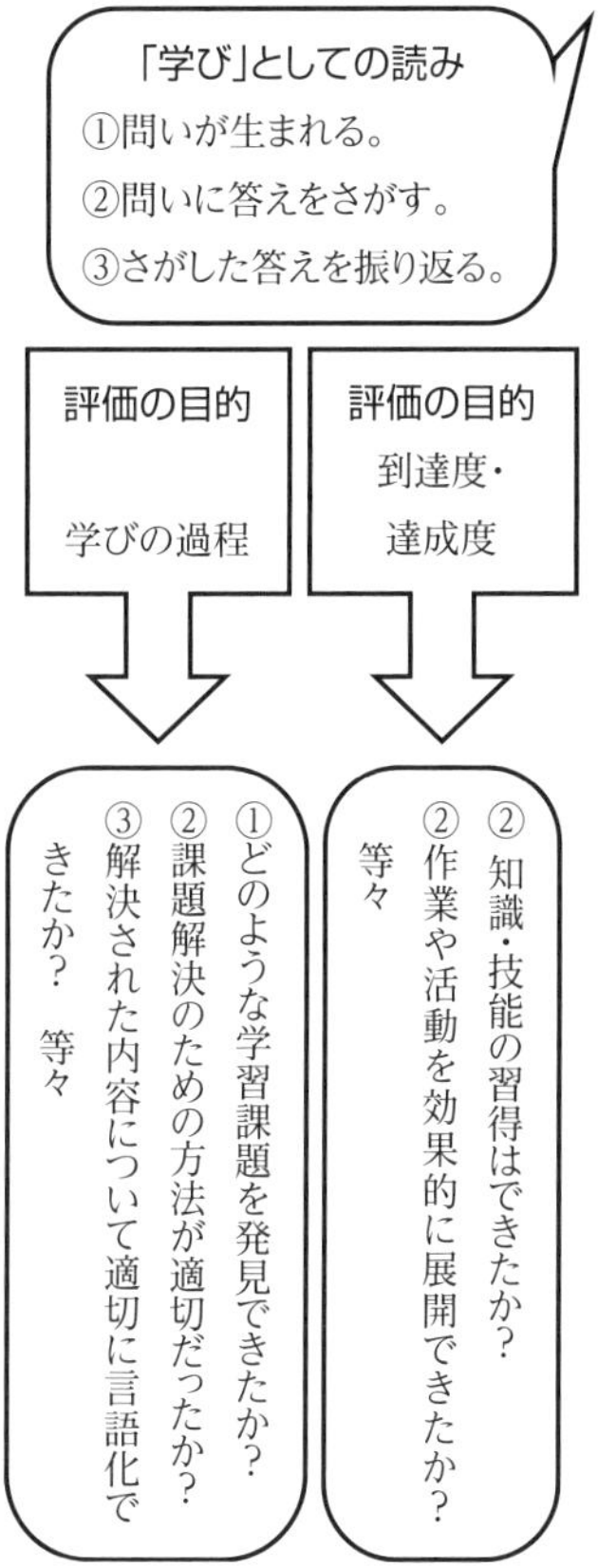

「学び」としての読み
①問いが生まれる。
②問いに答えをさがす。
③さがした答えを振り返る。
評価の目的
到達度・達成度
②知識・技能の習得はできたか？
②作業や活動を効果的に展開できたか？
等々
評価の目的
学びの過程
①どのような学習課題を発見できたか？
②課題解決のための方法が適切だったか？
③解決された内容について適切に言語化できたか？　等々

❷ 学習者一人一人の中に生まれる「学び」を大切にする

一人一人の中に生まれる「学び」ということをどのように考えたらよいでしょうか。教室は、教師が提示した学習課題によって、授業が展開します。しかし、この学習課題は一人一人の学習者にとって「問いかけ」にはなっていないかもしれません。そこで、学習課題を、教材文の表現や内容に対する「問いかけ」にしてみましょう。

例えば、「文章の構成を捉えよう」という学習課題より「言葉のゆれを考える」という題名から「どんな言葉のゆれの現象をどのように考えるといっているか」という問いかけの方が学習の進め方や方向が見えてきます。

❸ 教室の学び合いを通して、自分の「学び」を自覚する振り返りをさせる

教室の学び合いは、自分の「考えの形成」につながります。

例えば、中学三年の教材に「間の文化」（教育出版）という論説文があります。「間の使い方」が日本の「最も基本的な『掟』であるといっています。そして「日本文化はまさに『間の文化』ということができる」という論が展開します。その根拠や理由として、空間的な間、時間的な間、心理的な間の三つの観点から、日本間の造り、障子や襖、沈黙、「遠慮」の受け止め方などの具体例を挙げています。学習者は、ここから自分たちの生活や文化の中にある「間」を考えようとします。筆者の言おうとする「間」とは異なる「間」の実態を見つけることになります。それを根拠に一人一人が筆者の主張に対する共感や疑問、反論という「考え」を形成していきます。一人一人の学習者の理解の違いを踏まえて、交流、学び合いを通して自分の「考え」の形成につながります。教材文の世界を中学生の生活の場に引きつけて考えることができ、内容理解が深まり、考えの形成につながることになります。

❹ ノート指導と「学習のまとめ・学習感想」の指導を関連させる

自分の考えの形成とノート指導を結び付けると一人一人の学びを大切にすることにつながります。特に学習感想のコーナーを一人学びの場として、学習者の学びへの関心・意欲ばかりでなく、読みの

程度、学習課題の発見などの情況を評価する手立てになります。時間内にできなくとも家庭学習との関連でノートづくりに取り組ませると効果が上がります。

日付○／○ 教材名（第○回目）
◇今日の学習課題
学習記録
黒板に書かれたこと
自分の考えのメモ
友達の発言のメモ

★新出漢字や語句の意味のメモなどのコーナー

◇学習の振り返り
今日の授業の学習内容についての自己評価などもっと考えてみたいこと・調べてみたいこと

◇今日であった言葉コーナー

【見開き一時間のノートづくりフォーマット】

ノートの右ページは一般的なノートの内容になります。学習への取り組みが不得意な生徒には時間がかかります。そこで、「メモ」というのは自分のためのメモですから、記憶の引き金になる単語や印でもよいとします。「ノートづくり」というときれいに整った「ノート」を想像しますが、一人一人の実態に合わせた「自分のノートづくり」が行われてよいのではないでしょうか。

左ページはこの「ノートづくり」の核になる部分です。一人一人の到達した「考え」が記録される場です。言葉にすることで、自身が評価することになります。また、気に入った言葉を書き込むコーナーもまた、学習の振り返りと同時に語彙を豊かにすることにつながります。

Q

2　論理的思考力

論理的思考力はどのように評価すればよいでしょうか？

A　論理的な思考力とは、筋道の整った思考をすることができる力をいいます。そして、ものごとを批判的に捉えることができる力とも言えます。

ポイント

①説明文・論説文の読みの学習は論理的な思考力を育む。

②論理的な思考の深まりや広がりを段階的に捉える。

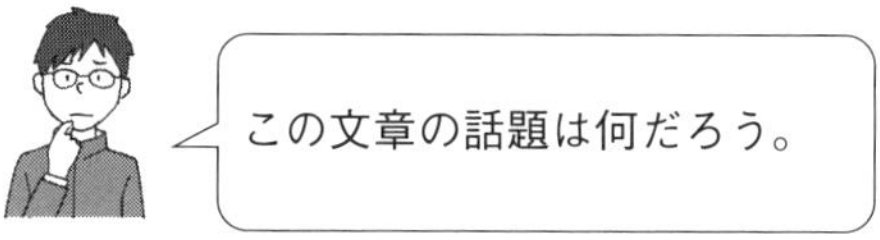
この文章の話題は何だろう。

筆者の主張は何だろう。

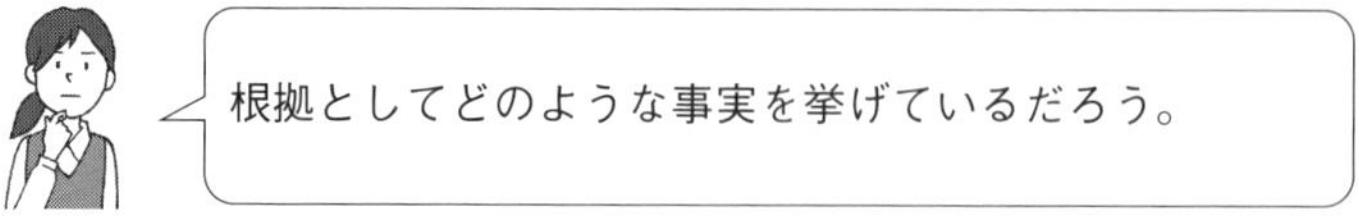
根拠としてどのような事実を挙げているだろう。

③論理的思考によってものごとを冷静に批判的に見つめる。

④論理的で創造的な思考を通して豊かな言語生活を営む。

❶ 説明文・論説文の読みの学習は論理的思考力を育む

説明文・論説文の文章を読む目的は、新しい知識や情報を得たり、ものの見方や考え方と出会い、自ら考えることの充実を得たりすることにあるのではないでしょうか。つまり、自分を知的に豊かにしてくれる言語活動としての経験となることです。

そのためには、論理的に書かれた文章を正確に読めなければなりません。さらに書かれている「情報」（内容）や「論理」（構成）を精査して解釈することができなければなりません。ここで働くのが論理的な思考であり批判的な思考ということになります。読むという行為を通して、論理的な思考力、批判的な思考力を育成することになります。

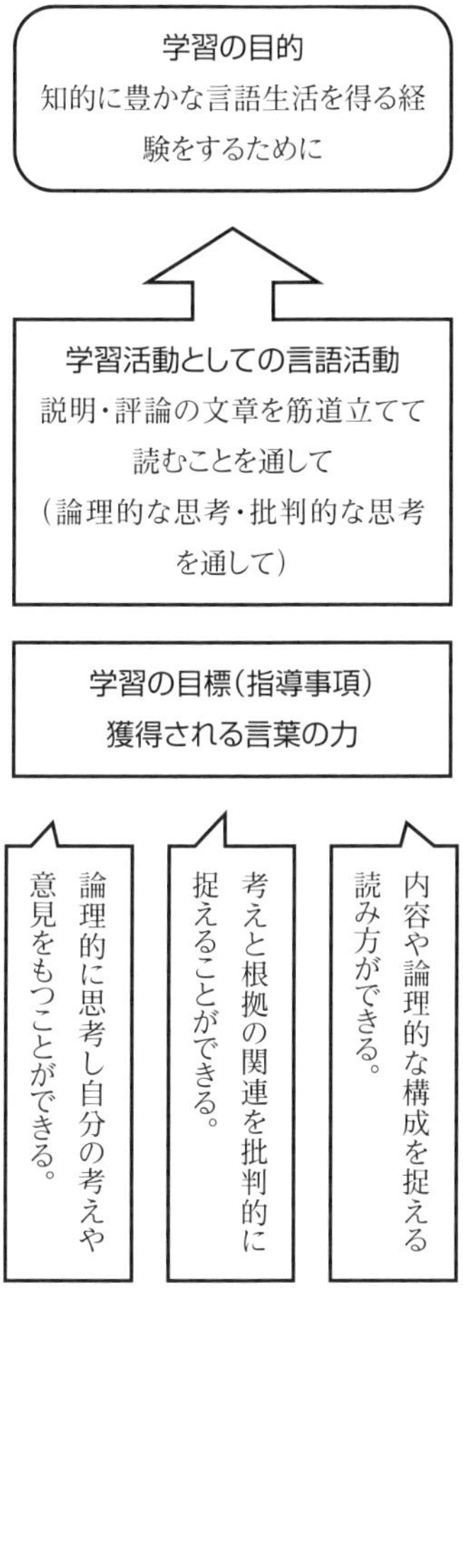
学習の目的
知的に豊かな言語生活を得る経験をするために
学習活動としての言語活動
説明・評論の文章を筋道立てて読むことを通して（論理的な思考・批判的な思考を通して）
学習の目標（指導事項）
獲得される言葉の力
内容や論理的な構成を捉える読み方ができる。
考えと根拠の関連を批判的に捉えることができる。
論理的に思考し自分の考えや意見をもつことができる。

❷ 論理的な思考の深まりを段階的に捉える

論理的な思考の深まりを学習指導要領の「読むこと」の学習活動の過程と関連させて考えてみましょう。内容や構成を捉える段階では、どんな話題についてどんな結論か、その根拠となる事実は何か、などを正確に読み取ることが必要です。それができたかどうか、できていなければどのような問いかけでそれができるかが必要です。この問いかけによって読むことの段階にすすめることもできます。「読みを引き出す問いかけ」を生かすために、適切な評価が必要になります。

❸ 論理的な思考によってものごとを冷静に批判的に見つめる

論理的な思考は「情報」を鵜呑みにしないことにつながります。筆者が挙げている結論や考えを裏付ける根拠や理由は、どのように解釈すれば、そう結論付けられるのか検証するという批判的な読みの学習が可能になります。筋道を立てて、冷静に慎重に考え、判断する力こそ人間固有の、そしてAIにはできないことではないでしょうか。このときこそ、主体的・対話的で深い学びとしての読みが生まれてくる瞬間です。

❹ 論理的で創造的な思考を通して豊かな言語生活を営む

中学一年生の教材に「スズメは本当に減っているか」（三上修）という説明文があります。筆者の考えを「スズメによる農業被害面積」が減少しているデータで裏付けています。次の段落の書き出しは「しかし、もう少し考えてみましょう。」とはじまります。なぜ、このように結論付けられないのかという問いかけが生まれます。慎重な筆者の姿勢とともに科学の在り方が読み取れることになります。これからの社会に求められる論理的な思考力の姿が見えてくるではありませんか。

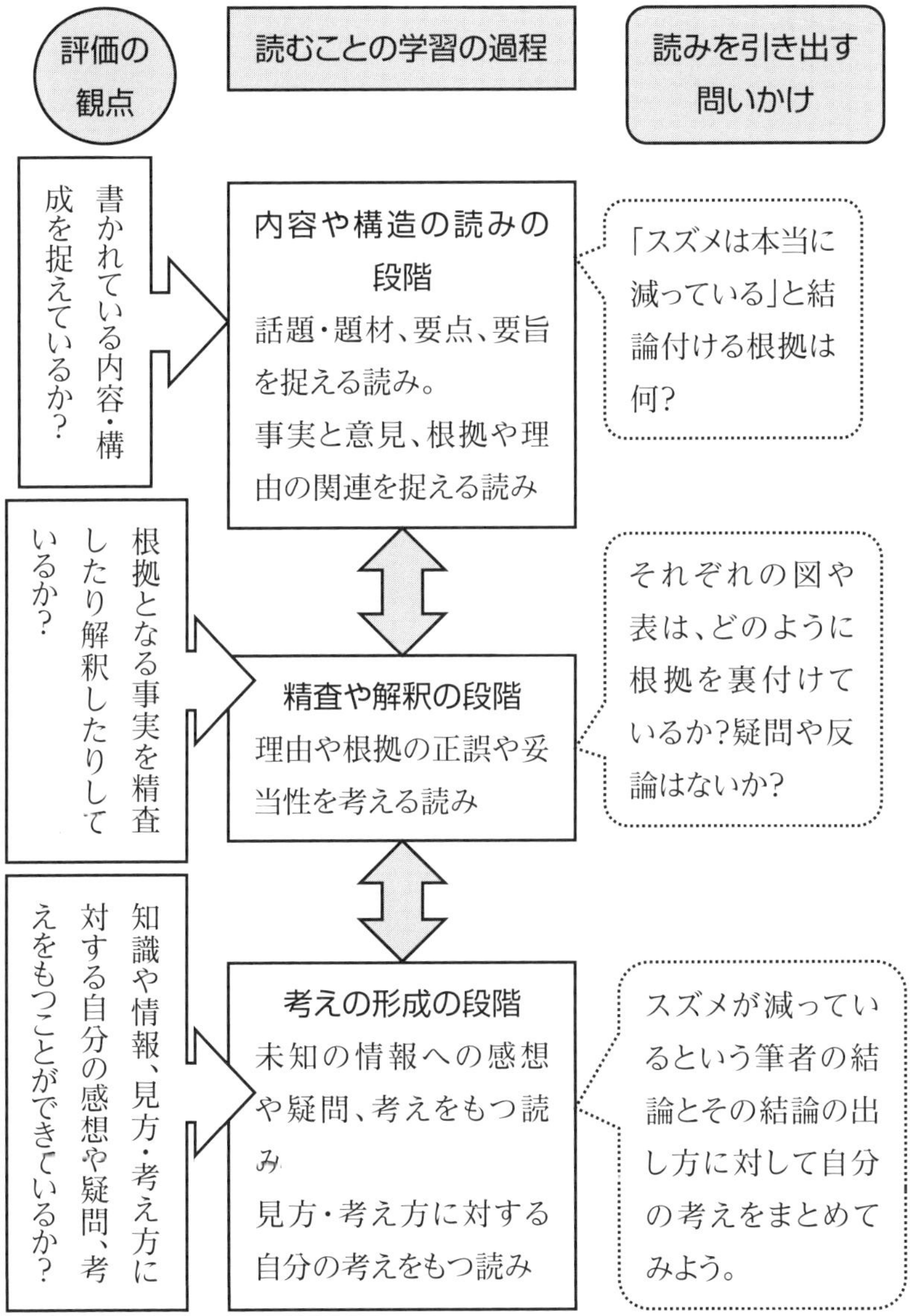
評価の観点
読むことの学習の過程
読みを引き出す問いかけ
書かれている内容・構成を捉えているか?
内容や構造の読みの段階
話題・題材、要点、要旨を捉える読み。
事実と意見、根拠や理由の関連を捉える読み
「スズメは本当に減っている」と結論付ける根拠は何?
根拠となる事実を精査したり解釈したりしているか?
精査や解釈の段階
理由や根拠の正誤や妥当性を考える読み
それぞれの図や表は、どのように根拠を裏付けているか?疑問や反論はないか?
知識や情報、見方・考え方に対する自分の感想や疑問、考えをもつことができているか?
考えの形成の段階
未知の情報への感想や疑問、考えをもつ読み
見方・考え方に対する自分の考えをもつ読み
スズメが減っているという筆者の結論とその結論の出し方に対して自分の考えをまとめてみよう。

Ⅲ章

単元展開例

主体的な学びによる説明文・論説文を読み深める単元例

―説明的文章を逆から読み「筆者の論理をつかむ」実践に学ぶ―

学習材「モアイは語る―地球の未来」

1 はじめに　先行実践に学ぶために

形骸化した説明文・論説文の指導に疑問を感じることはありませんか。生き生きとした説明文・論説文の学習が展開する教室をつくり出したいと国語教師ならだれもが願っています。

通読し、段落ごとに要約させる、内容を図式化させる、段落構成を考えさせる、要旨をまとめさせる、要旨に対する感想や意見をまとめさせる、という指示された作業だけに終始する授業に疑問や不信をもっている国語科教師は多いのではないでしょうか。そうした形骸化した説明文・論説文の授業の問い直しから新たな授業づくりに取り組んだ実践を紹介します。

2 単元「地球の未来はどうなる?～筆者の論理を捉えよう～」（二年）の実践に学ぶ

（1）説明文・論説文を「逆」から読む授業づくりで生まれる主体的な学び

紹介する実践は、日本国語教育学会学会誌『月刊国語教育研究五〇六号』（二〇一四年六月号）に掲載されている、広島市立大塚中学校（当時）の河内伯子先生の実践報告からです。

この報告には、河内伯子先生が、日頃の形骸化した説明文・論説文の授業の在り方を破ろうとする姿が表れています。実践報告のタイトルには、同じ悩みを抱える私たちをひきつけるものがあります。

説明的文章を逆から読む「モアイは語る～地球の未来」筆者の論理をつかむ

河内先生は、「論理」という視点に着目し、「逆から読む」という方法をとることにしました。説明文・論説文の教材を前から順番に読み進めながら、要約して段落構成を捉え、筆者の主張や要旨をまとめるといった従来のやり方を変えようとしたのです。学習者にとっては、決められた作業を繰り返すだけの説明文・論説文の「読み」から、目的をもった説明文・論説文の「読み」に変わることを意味します。主体的な学びが生まれることが期待できる授業づくりということになります。

(2) 主張とその根拠、裏付けとしての具体（データ）からなる筆者の「論理」を読む

河内先生は、「モアイは語る」の「論理」を読むために、筆者の「主張」と「根拠」、そしてその「裏付け」という関係で文章の内容を関係付ける読み方を生徒に学ばせようとしました。筆者の主張の根拠となっている「イースター島での森林破壊と人口爆発が文明を滅ぼしたこと」を裏付けとなる事実として関係付けながら読み進めていくことがねらいになります。この関係をみることで、「裏付け」としてのデータや事実があって、はじめて「根拠」になっていることを確かめることができます。

ただし、データや事実が「根拠」の裏付けとして十分とは言えない場合があることも踏まえなければなりません。十分でないことに気付き、疑問や批判をもつことも読むことの重要な学びの姿といえます。

（3）実践の概要

単元全体の構想は、次のように報告されています。「単元の展開」のところを見ると、「主張」を捉えるところから授業がはじまります。次にその「根拠（理由付け）」を捉えます。そのうえで、裏付けとなるデータや事実を捉え、図式化します。これが「逆から読む」ことの具体的な姿です。

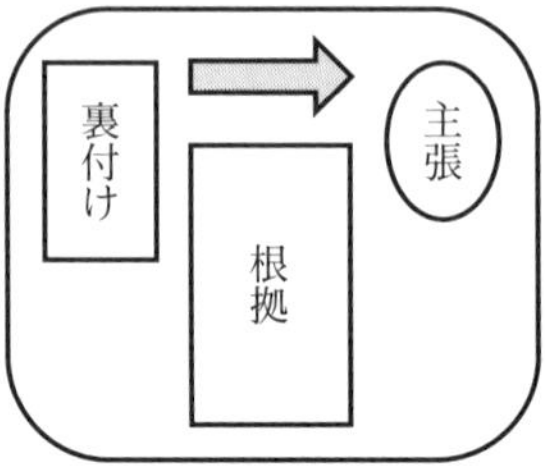

※河内先生が生徒に示した「論理」を捉える構造図

①　単元名　「地球の未来はどうなる？～筆者の論理をとらえよう～」
②　教材文　「モアイは語る～地球の未来～」（中学二年生用教科書教材）
③　単元目標
　筆者の主張がどのような根拠、事実に基づくものかを的確に読み取らせ、文章構成や展開の工夫もあわせて理解させる。
④　単元の展開　―全六時間の計画と学習内容―
第一時　本文通読・筆者の主張を読み取る。
第二時　筆者の主張の根拠を読み取る。
第三時　根拠から具体例、裏付けを読み取り、図式化する。
第四時～第五時　文章全体の構成をつかみ、段落構成図をつくる。
第六時　筆者の主張に対して、自分の意見を書く。

かが分かります。

（4）学習の実際

実践報告の紙数の関係で概略だけの報告ですが、それぞれの時間がどのような学習課題で展開したかが分かります。

①　筆者の主張は何か？

第一時の授業では、教材文を通読して、「筆者の主張は何か？」という問いかけに対して、生徒はすぐに文章の最後にある一文に着目したそうです。「それが人類の生き延びる道なのである。」です。ここで重要なことは、主張をさがす（まとめる）という答え探しで終わっていないことです。答え（主張）はすぐに見つかります。しかし、答え探しで終わらずに、なぜそれが答えになるのか、考える学習を展開するところが大切なのです。

②　なぜそのような主張をしているのか？

次の時間は、河内先生は「そうしなければ、生き延びることができない→このままでは人類は滅びる」と考えたのはなぜか、という課題を設定しました。

小グループでの話し合いでは、「根拠と裏付けを区別できず、現在の地球の問題点のみを挙げるグループがあった」というような問題点が浮かび上がってきました。

しかしながら、全体での話し合いの結果、「筆者は森林破壊で文明が崩壊したイースター島と現在の地球は同じだと考えているから」と確認できたということでした。しかも、イースター島の崩壊に至る経緯も個々で図式化したということでした。

それでは、全体での交流（話し合い）の中で、根拠と裏付けを区別できるようになったのはどのような学びがあったからなのでしょうか。河内先生は「主張」「根拠（理由付け）」「裏付け（データ）」と名付けた抽象的概念で読み深めをさせようとしましたが、学習者にとってこれらの用語で分析するには「練習」が足りなかったようです。このことは、あとで先生ご自身が問題点として指摘しています。では、全体ではどんなやりとりがあったのでしょうか。詳細は報告されていませんが、少なくとも本文中の言葉に問いかけたことで、「根拠」と「裏付け」を分けることができたのだと思います。

○「イースター島はしだいに食料危機に直面していくことになった。」はどんな裏付け（データ）が根拠になっているのか読み取ってみよう。

というような具体的な事実（データ）に対する問いかけが生まれて初めて、「根拠（理由付け）」と「裏付け（データ）」の関係が分かります。

○農業のために豊かなヤシの森を無くしてしまったという事実から食料不足が起こった。

○人口増加の数値から農業栽培の面積が増えたことが分かる。

というように、それぞれの裏付けの事実を関係付けながら読みが広がり深まっていきます。ここで重要なことは、「モアイは語る」の本文の具体的な言葉に問いかけながら読んでいることなのです。

③ 根拠を裏付ける具体（データ）は何か？

第二時まで「根拠」と「裏付け」の関係付けに手間取りながらも、生徒は繰り返し教材文を読みました。結果として、第三時の授業では、次のような好影響が出たと言います。

○根拠を考えることで十分に読み深めたので、予想以上に早く作業が進んだ。

本時では、小グループでの話し合いを中心にしたことでそれぞれのグループが読み深めようとするようになり、独自の学習課題と活動が生まれることになりました。例えば次のような活動です。
○イースター島と現在の地球の人口増加の比較を表にまとめる。
○地球上の農地の限界について図式化する。
また、論理的な表現に対する批評的な気付きや疑問も生まれています。
○森林破壊についてのデータもあればいいのに。
○最後は危機感をもたせる言葉をたくさん使って主張につなげている。

④　文章全体をつかみ、段落構成図をつくる

第第四～五時は、河内先生がつくった、形式段落ごとの要約シートを切り分け、意味段落ごとにまとめ台紙に貼り直す作業によって、全体像を再認識する学習を行いました。この作業によって、学習者はあらためて問題提起、問題に対する答えの部分を意識し「論理的に説明すると分かりやすい」と感じられるようになったといいます。ここでは、単なる内容と構成を捉える読みではなく、根拠を根拠たらしめている裏付けとの関連をしっかりと捉えた読みの再確認の段階となっています。

⑤　筆者の主張に対して意見文を書く

前時までの作業的な学習によって、むしろ「教材文に親しみを持つ生徒が多くなり、意見文を書くこともほとんど抵抗なく取り組めた」という結果をもたらしたそうです。その結果、「それぞれ自分なりの根拠をあげ、論理的に書こうという努力が見られ」ました。意見文はだいたい次の三通りの内容で書かれたそうです。約六割の生徒は、次のような内容の意見文を書きました。
○筆者の主張に賛同し、身近なリサイクルや省エネルギーの推進を書いたもの。

約三・五割の生徒は、教科書内容から逸脱した発展的な発想をもつようになりました。

○筆者の論理に賛同するが、より積極的に新たなエネルギーの開発や宇宙への進出を唱えたもの。

一方、約五%の生徒には、裏付けと根拠、根拠と主張の関係について疑問が生まれています。

○そもそもイースター島と地球は同じだと考えてよいのかという疑問を呈したもの。

(5) 授業後の生徒の感想と河内先生自身の実践の振り返り

河内先生は、生徒の学習感想として次を示しています。

○主張はすぐに読み取れたが、根拠と裏付けが区別がつかず、難しかった。

○最初は戸惑ったが、小グループで話し合って解決できたときに達成感があった。

○これからは説明的文章を逆に読んでいくと早く理解できると思った。

○小グループで意見文を交流し、いろいろな考え方があると参考になった。

一方で、実践した振り返りを実践者自身は次のように捉えています。

○「根拠は何?」という課題が謎解きのような雰囲気を生み出し、単元が活気あるものとなった。

○説明的文章の「読み方」をつかんだ生徒もいた。

○前段階としての短文での「根拠と裏付けの違いを理解する」練習が必要に思った。

○授業者自身が今回の取り組みで新鮮な気持ちで教材文に向き合うことができた。

3 学習者、学級の実態に応じて工夫すべきこと

(1) 学び手の主体を取り戻す―主体的な学びを引き出す仕掛け

何よりも、説明文・論説文を読むことに対する「主体的な学び」を引き出すことが課題です。「させられる」読みから、疑問や問いかけからはじまる「学習課題」を追究する読みへの転換が必要です。学習者の実態に応じた工夫が重要なのです。

(2) 学習者の「学び」を捉える手立て

学習者の「学び」を捉える手立ては、学習者の言葉や行動という表出に見いだすしかありません。そのような表出は、授業の中で話し合いや自分の考えを書いたものによって捉えることができます。

(3) 比べ読み・調べ読みへの発展も視野に

イースター島という小さな島での出来事を地球規模の問題と結び付けることはなかなか難しいものです。日本の問題や各地の問題と比べた読みや、調べる読みに発展させる可能性も見逃せません。

国語の学習を「実の場」にして対話的な学びをつくる国語単元学習

―社会科と連携した授業実践に学ぶ―

単元「図表を使って『私』の自己紹介をしよう」

1 はじめに ―役に立つ学びを実感するとき―

国語科の抱える悩みの一つに、学習実感が湧きにくいということがあります。どうすることが国語の学習なのか、どうなれば国語の学習の成果を実感できるのか、学習者にも教師にも分かりにくいというのです。

筋道立てて、論理的に読むことができる、表現することができることを目標に説明文や論説文の読みの授業づくりが行われますが、学習者にとっては書き抜き作業などに追われ、分かったとか、できるようになったという実感が湧かないまま終わり、未消化な感じを残したままになりがちです。

この状況を改善するために、多くの先生方が「学びの実感」があり、「実の場」となる授業づくりを課題として取り組んでいます。

2 説明文や論説文の授業が「実の場」になる工夫
―他教科との連携を図ることで「実の場」が生まれる―

そうした実践の中で、茨城県の仁平薫先生の実践は、学会誌『月刊国語教育研究五三九号』(二〇一七年三月号)に、国語科が社会科と連携した授業実践を報告しています。特集が「他教科の学習に生きる国語の力」というもので、書くことや発表するという言語活動を通して論理的な思考力の育成を図るというものです。報告の標題は次の通りです。

> 他教科との関連　生徒の意識化を図るための一方策~社会科と連携した授業実践を通して~

仁平先生は、当時、「言語活動の充実」に困惑していた社会科と、基礎・基本の習得の場に困っていた国語科との連携を考えたのです。

社会科では図表を用いて報告するという「実の場」があります。しかし、図表の読み方や発表の仕方などの基礎的な指導になかなか時間が割けないという課題を抱えていました。一方、国語科では、図表の読み方や発表に生かす使い方を指導してもその活用の場がなく、学習実感が生まれにくいという悩みを抱えていました。そこで、国語科と他教科との連携という発想が生まれました。社会科の発表のためにその基礎・基本を国語科で学習する、という「実の場」を創り出すことに挑戦しました。

学習者は、中学一年生です。予備調査で、「国語科で学習したことが将来、社会に出て役立つ」と考えている生徒は九〇%を超えていました。しかし、国語科での学習を他教科の学習や日常生活で活用しようと考えた生徒や、実際に活用した経験をもつ生徒は三七%と少なかったというのです。国語科で学んだ基礎的な知識や基本的な読み方・書き方などを活用する具体像を聞いても、あまり具体的に想像できないでいるという結果を報告しています。つまり、何のために学習しているのか、分からないまま学習活動をさせられているというのが実態なのです。

3 実践の概要―社会科との連携を「実の場に」―

(1) 単元名

国語科「図表を使って『私』の自己紹介をしよう」　社会科「世界各地の人々の生活と環境」

(2) 単元の目標

○書く材料を集めて分類するなどして、図表を用いた説明の効果を考え、分かりやすく自己紹介しようとしている。（関心・意欲・態度）

○日常生活から書くための材料を集めたり分類したりして伝える内容をまとめることができる。（書くこと）

○分類して整理した中から書く材料を選び、適切な図表を示して段落を組み立て、分かりやすく書くことができる。（書くこと）

○指示語や接続詞などを用いて、図表を説明することができる。（伝統的な言語文化と国語の特質に関する事項）

（3）国語科と社会科との連携の構図

国語科　単元「図表を使って『私』の自己紹介をしよう」（全四時間）
・学習計画を立てる
・図表についての理解、効果的な使用
・自己紹介の材料集めと下書き
・文章と図表の効果的な組合せ
・修正と相互交流

社会科　単元「世界各地の人々の生活と環境」（全九時間）
・世界各地の地理
・各気候帯と環境
・気候区ごとの人々の生活の特徴
・雨温図を使った学習のまとめ
※国語科との連携の九時間目

国語科の四時間の学習の成果を、社会科の九時間目の授業に活用することになります。

ここでの「材料集め」が説明文・論説文の読みの学習と関連します。ただし、仁平先生の報告の単元は「書くこと・自己紹介すること」の学習として構想されているので、特定の教材というわけではないことになります。教材・学習材を生徒が選ぶということになります。

単元の話題を、社会科の学習内容と関連付けるなどの工夫をすることで、教材・学習材を教師が用意して説明文・論説文を読む学習の意識を強めることもできると思います。社会科の方でも地理や歴史の知識理解ばかりでなく、「課題解決学習」を目指した単元づくりなどを工夫すれば、もっと連携が深まるものと考えられます。

ここでは、まず、仁平先生の発想と方法に学ぶことにしましょう。

（4）授業の実際

第一時の学習は、単元の導入として「国語科と他教科との関連」などについて考えさせています。そして、国語科で学んだことを社会科の課題の取り組みでも活用することを伝えています。

ちなみに、この実践報告では、連携を意識させた研究群とそれを伝えていない研究群とを比較していますが、学習の結果に大きく違いが出るという報告がされています。

第二時は、「自己紹介するための材料を集め、分類する」学習になります。図表を用いて自己紹介文を書くのですから、自分を伝えるための情報やデータを集めます。

中学校一年生が、自己紹介の題材とするのは、誕生日、血液型、好きな食べもの、得意なスポーツや愛読書、さらには日頃取り組んでいるボランティア活動、自分の成長の記録など多岐にわたります。そこで、自己紹介の話題・題材を羅列するのではなく、好きなもの、得意なこと、自分の成長などといったまとまりに分類することで、自己紹介を分かりやすくすることが必要です。分類することで紹介文もだらだらとした羅列の文章から、話題ごとに整理された文章になります。

一人一人の集めた情報は、付箋に書き出すようにしています。分類に結ぶ付けることがその理由のようです。「自己紹介」という話題に沿って、言葉の情報を効果的な図表の形で表し、発表することになります。取りだした情報の関連付けを図式化することで、強調すべきところ、中心となるところを強調し、情報の発信者としての意識をもつことができます。

第三時は、図表を実際に書き、発表原稿を用意します。第四時では、実際に発表します。

この実践報告の中で、仁平先生は、毎時間生徒に「振り返りカード」を書かせています。その記述を二つの研究群で比較すると、国語の基礎・基本の獲得に関する記述が「連携を意識させた研究群」には多いというのです。「意識させた研究群」は、情報の切り取り方、図表の作り方、図表の効果などについての記述が毎時間、多くの生徒の記述に見られたようです。つまり知識・技能の習得、獲得の「実の場」を創り出していたということになるのです。また、社会科の学習に生かせるという意識は、さらに社会科以外の様々な教科や生活の場面に生かせることに気付いていくのだそうです。「図表の活用」という国語科の学習では、基礎的・基本的な知識・技能の習得に様々な教科の学習や生活に役立てることができるという学習の見通しが見え、学習活動が「実の場になる」ことを示しています。

4 基礎・基本の学習が「実の場」になるとき

基礎・基本の獲得の学習としては、本文の言葉を書き抜くだけのドリル学習では効果が上がりません。平成二〇年版の学習指導要領で強調された「言語活動の充実」というのは、そうした作業だけの活動を「実の場」にする工夫でした。ところが、言語活動が目的になってしまい、肝心な知識・技能、つまり語句・語彙や読み方などの技能の獲得の場にならないばかりか、やらされるだけの作業になってしまったのです。「這い回る活動」になってしまいました。そのことを振り返ると、言語活動としての話し合いや作業などを行うときこそ、必要になる知識や技能を教師が教えたり、学習者が調べたり学んだりするチャンスだったはずなのです。

ところで、ここでいう「実の場」という言葉は、国語単元学習の実践ではよく使われる言葉ですが、どのような意味で使われるのでしょうか。「実の場」というものの具体は、学習者にとって、読みたい、書きたい、話したい、聞きたいと思えるような学習活動です。学習者がいわゆる主体的な学び手になることを言います。単に活発に活動しているのではなく、学び手として課題をもって追究し解決していく「学び」を生むことが重要です。授業を「実の場」にするために様々な工夫がされてきました。

○興味・関心・意欲をもたせるような話題や題材にすること
○協働的な活動を通して、解決していくような活動を工夫すること
○実際の日常生活や社会生活に資する国語の力を意識して学習活動を工夫すること

仁平先生の発想は、最後の「実際の日常生活や社会生活に資する国語の力を意識」することで「実の場」にする工夫であったと言えます。国語単元学習では、どの実践にもこうした授業の場を「実の場」にする工夫のあとが見られます。

5 学習者の「学び」を引き出す工夫を学ぶ

仁平先生の実践報告は、説明文・論説文の読解の実践報告ではないのですが、情報の切り取り方や図表にするという再構成の仕方の学習として、説明文・論説文の読みの学習の基礎・基本の学習活動を「実の場」にする工夫の一つとして紹介しました。この実践報告に学びながら、次のような学習者の変容を思いうかべることができます。

学び手としての変容
指示通り作業する生徒たちから
自ら課題を発見する学習者へ（主体的な学び）
課題に問いかけ、応えることを通して探究する学習者へ（対話的な学び）
課題解決を通してより明らかになる問題点や課題を見いだす学習者へ（深い学び）

国語科という枠を超えることや、教室という制約を超えることなどを通して、「実の場」の学びを創り出そうという国語単元学習の試みはたくさん報告されています。学習者にとって、今学んでいることの有用性に気付くということは、生涯にわたって学ぶことの大切さに気付くことになります。学び続けようとする力にもなります。作業ばかりを押しつけられ、国語嫌いになってしまうのではなく、基礎・基本の獲得を中心に、国語を学ぶことの有用性を実感することで、学び手としての成長が期待できるのだと思います。

6 あらためて説明文・論説文の文章を読む目的を考える

まず、説明文・論説文ありきの読みの学習ではなく、読むことの目的やねらいを定めて読むことの重要性を、仁平先生の報告から学ぶことができました。読むことを受動的な行為ではなく、主体性をもった能動的な行為にすることで学習として高度なものになります。他の学習や生活に役立つという目的やねらいはいつも意識できるものではないかもしれませんが、話題や題材によっては、他教科との連携などの工夫によって、目的やねらいをもった読むことの学習にする可能性が出てきます。

主体的な考えを形成する国語単元学習

―総合的な学習の時間における国際理解単元「外から見たニッポン」の実践に学ぶ―

導入教材「ＮＨＫスペシャル　私が愛する日本人へ～ドナルド・キーン　文豪との七〇年～」

1　はじめに　先行実践に学ぶために

新学習指導要領のキーワード「主体的・対話的で深い学び」でいうところの〈学び〉とは何でしょうか。説明文・論説文を読むというと、どんな話題についてどのような説明がされているか、話題に対してどんな事例を根拠にして考えが述べられているか、といった内容や構成の理解止まりであった気がします。そこには、どうも〈学び〉がないような気がします。

〈学び〉とは、学習者が、学習の見通しをもち、課題解決的な学習活動を通して「考えの形成」という到達点に至る一連の行為を指します。国語科の場合、それはどんな具体的な活動になってあらわれるのでしょうか。

2　主体的な考えを形成する方策

学習の到達点（「深い学び」）として、一人一人の生徒が「主体的な考えを形成する」にはどうしたらよいでしょうか。五味貴久子先生（筑波大学附属中学校）は、日本国語教育学会学会誌『月刊国語教育研究五四五号』（二〇一七年九月号）に次のような方策を掲げて実践報告をされています。

○学習者が学習材や課題を選ぶ
○学習者の視点を増やす
○他者に伝えたくなる成果が生まれる学びを
○学習者が発表形式を選ぶ
○問いをもちながら発表を聞く

この五つの方策を単元の中に盛り込むことによって、主体的な考えの形成に至る学習活動〈学び〉が生まれるというのです。

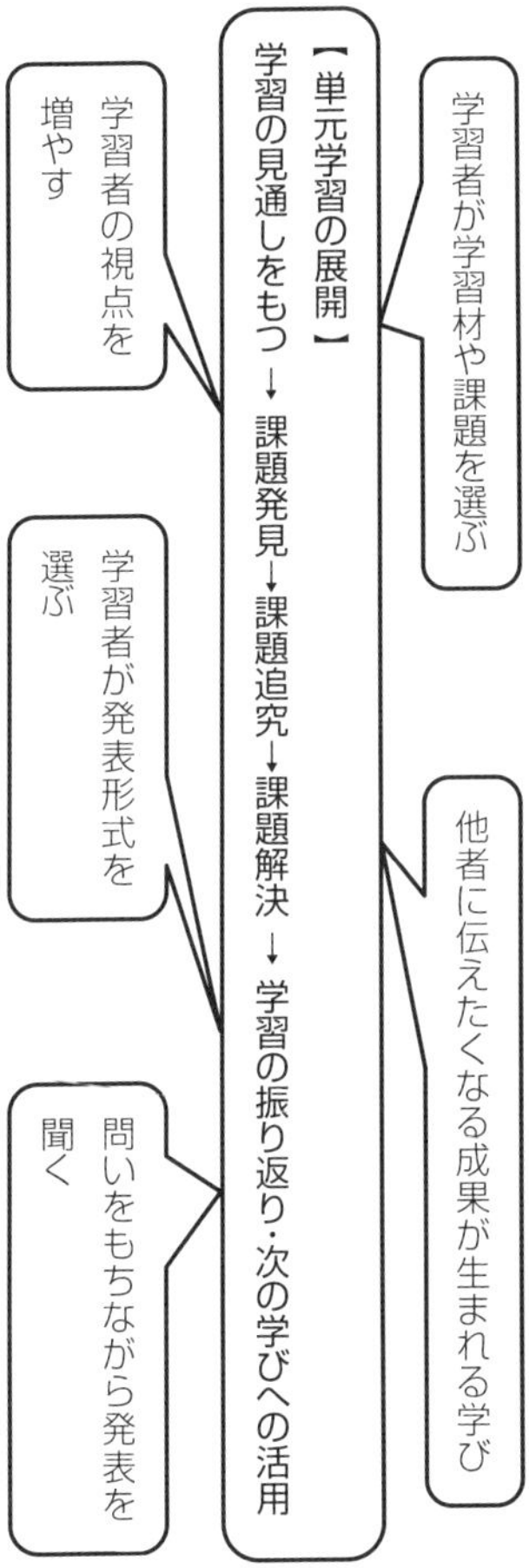
学習者が学習材や課題を選ぶ
他者に伝えたくなる成果が生まれる学び
【単元学習の展開】
学習の見通しをもつ→課題発見→課題追究→課題解決→学習の振り返り・次の学びへの活用
学習者の視点を増やす
学習者が発表形式を選ぶ
問いをもちながら発表を聞く

3 国際理解単元「外から見たニッポン」の実践

五味先生の実践は、筑波大学附属中学校の教育課程で、第二学年総合学習（教科開設のコース別学習）において実施したものです。対象となる学習者はコース選択者です。詳細は筑波大学附属中学校『研究紀要　第六八号』二〇一六年にあるのでご確認下さい。

学習者がコースを選択したとはいえ、五味先生は、それぞれが課題意識をもち、課題発見、課題追究、課題解決に至るまでに多くの時間と手立てを講じています。決して簡単な道のりではないようです。その過程をたどってみましょう。

(1) 単元名「外から見たニッポン〜日本は外国人の目にどのように映ってきたか〜」

(2) 単元設定に関わる問題意識

近年、東京ばかりでなく日本中で、海外からの観光客が急激に増えています。そうした外国人は何を目的に日本を訪れるのか、日本はどのように映っているのか、どのように評価されているのかを知るべきだと五味先生は述べています。そのことによって次のような展開を期待しています。

○日本の文化の独自性や価値を見いだすことができる。
○日本や日本文化そのものの理解を深めることができる。
○自らを客観視できるようになる。
○思考力を高める有益な視点を増やすことができる。

これは、単に外国人が日本をどのように見ているかを知るだけにとどまらないで、白身の見方・考え方を振り返り、「主体的な考えを形成する」到達点を示しています。今まで、分かったつもりでいた（知らないで済ませていた）日本や日本文化について、考えざるを得ない状況が生まれることを意味しています。これからの日本や日本文化の担い手になる中学生にとって不可避な問題と言えます。

（3）学習の実際と学習材

この単元は、四次にわたる一四時間の単元です。説明文・論説文の読みの学習の応用・発展的な学習として位置付けられる単元として捉えることができます。

単元の構成は次のようなものになっています。

【第一次】ドナルド・キーン氏の日本（人）に対する見方を知り、視点を学ぶ（二時間）
【第二次】江戸末期・明治初期のニッポン（人）が外国人の目にどのように映っていたかを分析する（七時間）
【第三次】現代ニッポン（人）が外国人の目にどのように映っているかを分析する（四時間）
【第四次】学習を振り返り、まとめる（一時間）

第一次は、導入として、ＮＨＫスペシャル「私が愛する日本人へ～ドナルド・キーン　文豪との七〇年～」を学習材としています。なぜ、この番組を学習材としたかというと、日本や日本文化の深い理解者であり、紹介者でもあるキーン氏が、どのような点に日本や日本文化の価値を見いだしているかを端的に理解できる番組だったからです。日本人の特徴を表すキーワードとして「あいまいさ」「礼儀正しい」「はかなさへの共感」「清潔」「よく働く」などを取りだして、どんな日本や日本文化の事実を根拠にそのような日本や日本文化に対する評価ができるのか、課題をもたせようとしています。また、五味先生は、キーン氏の、日本人は「自分たちの特殊性を意識しすぎている」ことや「西洋文化を吸収することに努力してきたが、西洋に対して日本文化を広める努力を惜しんだ」ことの二つの指摘に注目して、現代の日本の姿ばかりでなく、過去の、特に西洋文化との本格的な接触がはじまる幕末から明治までを歴史的に見ていこうとさせています。この第一次の学習を通して、学習者の中に「外から日本はどのように見られていたのか」という学習課題が見えてきたこと、さらに今日的な問題ばかりでなく歴史的に見てその変容を捉えるという方法上（調べ方・考え方）の視点をもたせようとしていることが分かります。

第二次の学習では、幕末から明治初期の外国人が日本を訪れたときに書き記した文献資料や記録写真などを学習材としています。この段階ではまだ学習材は教師が用意しています。実践報告には、R・オールコックの『大君の都』など一二冊の書名が挙げられ「等々」とされています。ここで、学習者にとって大切なことはそれぞれの文献資料から正確に必要な情報を取り出すことにあります。五味先生は「情報カード」を用意しました。

【情報カードの内容】
○タイトル……いわゆる見出し
○学習者氏名
○引用
○出典
○著者
これらの要素を書き出すことは、情報の切り取りの学習となっています。文献資料としてはいつ書かれたものなのか、どこから出版されているものを見ているのかなどの書誌的な情報を書かせることが必要になりますが、情報カードをたくさん書かせることをねらいとするならば、簡単に書名だけでもよいかもしれません。書き慣れるということも「多読」のきっかけになります。

タイトル（　性格　）
学習者氏名（　A　）
引用（生まれつき自然に対する愛着が強く、それが皆の間に広まっている民族を見たことがない。）
出典（ウェストンの明治見聞記）
著者（W・ウェストン）

五味先生は、見出しの言葉として書かせようとしたのは、「観点」でした。つまり、日本や日本文化をどのような観点で捉え、評価しているか明確にさせようとしました。しかし、実際には提灯や照明、履き物などの具体物が見出しになっていたので、一覧を作って、七つのグループをつくりました。

・日本・日本文化を考える七つの観点

Ⅰ 日本人の心	Ⅱ 宗教	Ⅲ 身分	Ⅳ 芸術と風物	Ⅴ 衣食住	Ⅵ 礼儀	Ⅶ 教育・日本語

グループ学習は、情報カードを仕分けた「観点」を「テーマ」にし、文献資料などを再読します。幕末から明治初期に日本を訪れた外国人たちは、何を見てどのように感じたのか、を探ります。一五〇年の時間を隔てて日本や日本文化が外国人たちにはどのように映っていたのかについての報告がなされます。そこで、プラスの評価やマイナスの評価のものなど、分類されます。同じ事柄に対して異なる表現がされるものに出会います。なぜなのか、当時の何を見たのか、見た人の価値観の違いなのかなどの問いかけが生まれます。

第三次は、現在の日本を訪れる外国人の見た日本・日本文化について調べ、報告し合います。今度は学習者が自ら探した資料を基に学習します。紙数の関係で具体的な文献資料などについてはふれていないのですが、観光などで短期滞在している外国人ばかりでなく、長期滞在している外国人の日本印象記などの資料が集まったようです。情報カードの見出しに書かれた「観点」を見ると次のようなものが登場します。（　）はその内容のようです。

> 不思議な性格（「控えめ」「誇示」など両極端の側面の混在）、他者と自己の共存（昔の習慣を残しつつ新しいものを取り入れる）、遺失物が戻る、無料貸出の物品が返却される、平和な国、思いやり、治安の良さ、犯罪が少ないがゆえの不用心、車内の居眠り、礼儀やマナー、店員の態度や心づかい、サービス、譲り合い、電車時間の正確さ、完璧主義、失業率の低さ（以下略）

学習者の学習の振り返りの感想で「今まで、自分が気づかなかった事実が見えてくるのだということが学びだった。」という感想は、想定されていた感想とはいえ、それを実感したようです。普通のこと、当たり前のことだと思って見過ごしていることがたくさんあり、その中で大事にしたり見直したりするべきことに気付く瞬間だったのだと思います。

第四次は学習の振り返りとしてＮＨＫ「世界が驚いたニッポン」の一部を視聴し、外国人から見た日本の「クール（かっこいい）」の意外性にふれています。五味先生の意図は、そんなことがかっこいいのかという意外性から出発して、なぜそのように外国人には映るのかを考える学びをつくり出したかったようです。授業後、授業参観に来ていたイギリスの大学院生や英語科のＡＬＴの先生へのインタビューなどがされたと言います。どう思われているのか知りたい、それも自分が直接聞き取りたい、と思うようになったのです。

4 実践を振り返る―五つの方策は効果的であったか―

学習材や課題は、第二次では教師が用意していましたが、第三次では学習者自身が選んでいました。他者に伝えたくなる成果が生まれる学びだったかという点から見れば、外国人の視点の意外性に気付かされる内容は意味があったようです。学習者が発表形式を選ぶという点では、内容に応じて発表の仕方（模造紙やレジメを用意したプレゼンなど）を工夫したことは効果的な発表になったようです。問いをもちながら発表を聞くという点では、授業後のインタビューにもあるように「なぜ」「どんな」という問いかけをしながら発表を聞いたり、資料を読んだりしていることが分かります。生徒たちは五味先生の実践に多くを学ぶことができたのではないでしょうか。

『説明文・評論文』編

〈編著者・執筆箇所一覧〉

※所属は執筆時

編集責任者

笠井正信（中央大学教授）…Ⅰ章1、4、Ⅱ章1－1、2－7、3－3、4－1、2、Ⅲ章

編著者

田中宏幸（安田女子大学教授）…Ⅰ章2、Ⅱ章3－5

中村純子（東京学芸大学准教授）…Ⅰ章3、Ⅱ章2－6

執筆者

愛甲修子（東京学芸大学附属小金井中学校教諭）…Ⅱ章2－4、3－1、2、4、6

人見　誠（東京都・目黒区立東山中学校主幹教諭）…Ⅱ章1－2、2－3、3－7

椿山美紀（神奈川県・川崎市立西生田中学校教諭）…Ⅱ章2－1、2、5

〈シリーズ国語授業づくり中学校編　企画編集〉

安居總子（日本国語教育学会理事）

飯田和明（宇都宮大学准教授）

髙橋邦伯（青山学院大学教授）

笠井正信（中央大学教授）

甲斐利恵子（東京都・港区立赤坂中学校教諭）

シリーズ国語授業づくり中学校編
説明文・論説文
―論理的な思考力を育てる―

2018（平成30）年12月3日　初版第1刷発行

監　　修：日本国語教育学会
編　　著：笠井正信・田中宏幸・中村純子
発 行 者：錦織　圭之介
発 行 所：株式会社　東洋館出版社
〒113-0021　東京都文京区本駒込5丁目16番7号
営業部　電話 03-3823-9206　FAX03-3823-9208
編集部　電話 03-3823-9207　FAX03-3823-9209
振替　00180-7-96823
URL　http://www.toyokan.co.jp
デ ザ イ ン：株式会社明昌堂
印刷・製本：藤原印刷株式会社

ISBN978-4-491-03558-1　Printed in Japan

シリーズ国語授業づくり　全10巻

日本国語教育学会　監修

日本国語教育学会が総力を挙げて編集・執筆!

本シリーズでは、単元学習を最終目標としながらも、その前段階でもっと基礎的な指導のスキルを磨きたいと考えている若い先生向けに、「板書」「音読・朗読」など、実践的で具体的な切り口に絞ったテーマを取り上げ、付けたい力や特徴的なキーワードを収載。若い先生はもちろんのこと、若い先生を指導する立場にある先生にも是非読んでほしい、シリーズ全 10 巻。

本体価格 各 1,800 円＋税

東洋館出版社
〒113-0021　東京都文京区本駒込5丁目16番7号
TEL: 03-3823-9206　FAX: 03-3823-9208
URL: http://www.toyokan.co.jp
twitter @Toyokan_Shuppan